Alles was ich wissen will

Alles was ich wissen will

Ravensburger

DAS STECKT IN DIESEM BUCH:

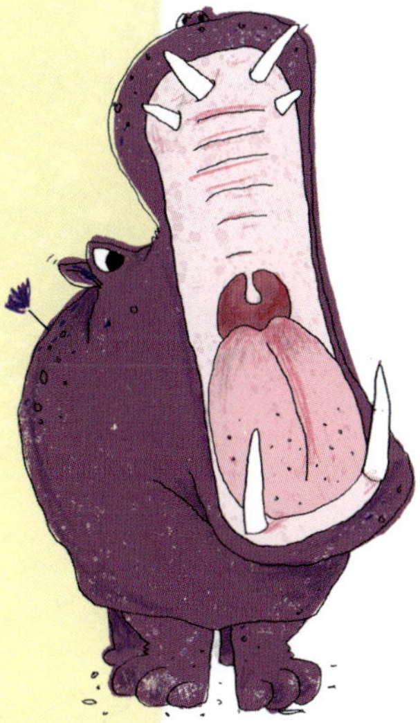

Was magst du lieber – den Morgen oder die Nacht?
Möchtest du einen Schneemann bauen oder Schneebälle werfen?
Wo kann man Abenteuer erleben?

UNSER PLANET

Was ist die Erde?

Die Erde ist ein großer blauer Planet und schwebt im Weltraum. Auf diesem Planeten leben wir – er wimmelt nur so von Leben!

Gibt es auf anderen Planeten auch Leben?

Soweit wir wissen nicht. Auf der Erde gibt es Leben, weil sie uns Luft, Wasser, Wärme und Licht schenkt.

Warum ist es nachts dunkel?

Auf ihrem Weg um die Sonne dreht sich die Erde um sich selbst. Daher kann das Sonnenlicht immer nur auf einen Teil der Erde scheinen.

Wozu braucht die Erde die Sonne?

Die Sonne, ein riesiger, heißer Stern, wird von der Erde umkreist. Licht und Wärme der Sonne sind genau richtig, damit bei uns Pflanzen wachsen können. Ohne die Sonne wäre die Erde dunkel und eiskalt. Nichts könnte hier leben.

Ist die Erde ein Puzzle?

Ja, denn sie besteht aus vielen Einzelteilen! Die Puzzleteile heißen Platten und sind aus Gestein. Teilweise ragen die Platten aus den Weltmeeren heraus. Das ist das Land, auf dem wir leben.

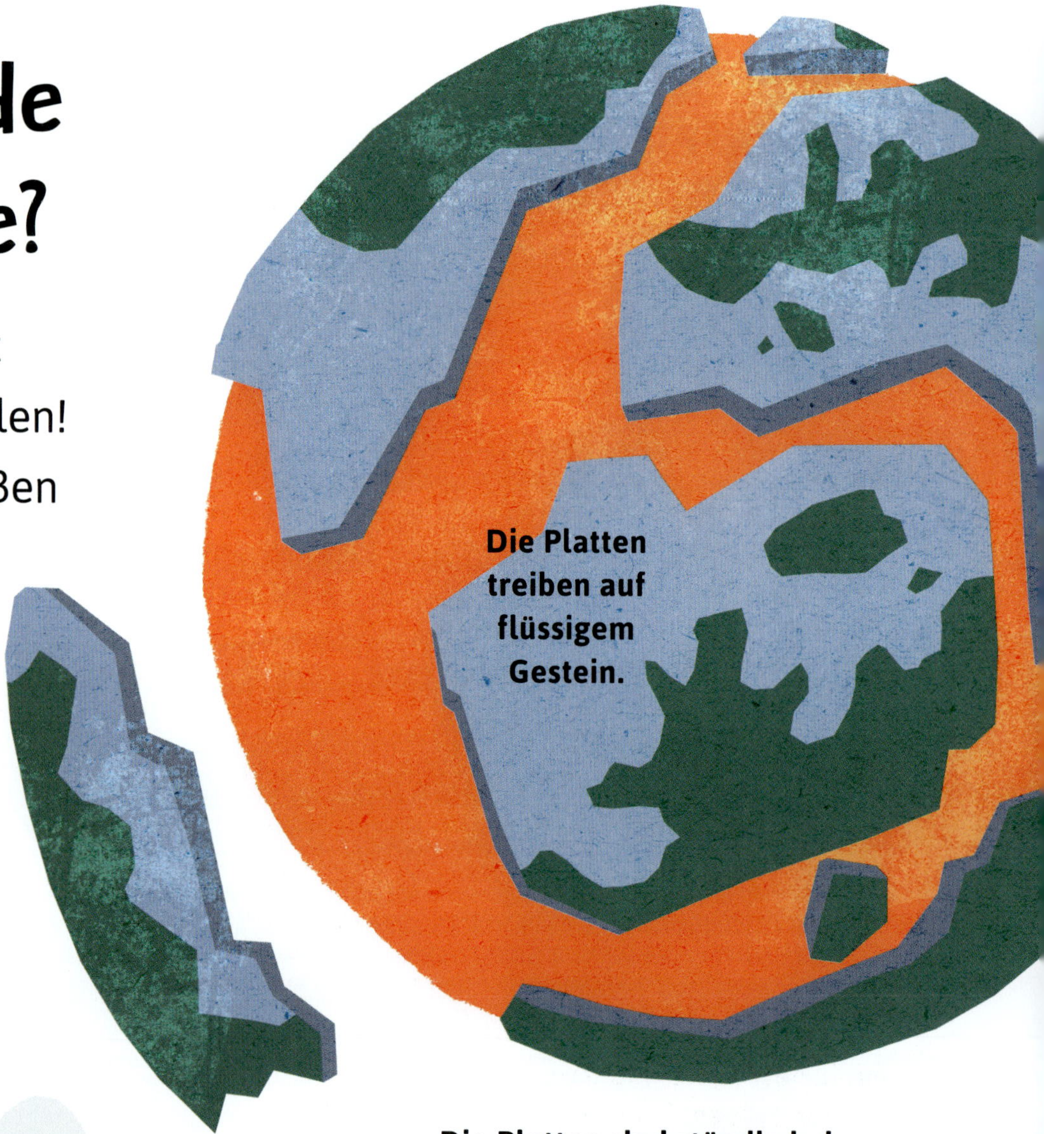

Die Platten sind ständig in langsamer Bewegung und bilden neues Land, Berge und Ozeane.

Wie entstehen Berge?

Berge sind die höchsten Punkte der Erde. Die meisten entstehen dadurch, dass zwei Platten gegeneinander stoßen. Dabei faltet sich die Erdkruste auf.

Wie hoch ist der höchste Berg?

Der höchste Berg der Erde ist mit 8.849 Metern der Mount Everest. Er liegt im Himalaja-Gebirge.

Wer lebt auf dem Berg?

Leichtfüßig jagen Schneeleoparden auf den rutschigen Hängen nach Schneeziegen. Das Leben ist hart hier oben. Oft liegt das ganze Jahr Schnee.

Wie entsteht ein Regenbogen?

Auch wenn wir es nicht sehen: Das Sonnenlicht besteht aus allen Farben des Regenbogens. Wenn ein Sonnenstrahl durch einen Regentropfen fällt, wird er in sieben Farben gespalten. Am Himmel entstehen Streifen in Rot, Orange, Gelb, Grün, Blau, Indigo und Violett.

Warum grollt der Donner?

Am Donnerschlag während eines Gewitters ist der Blitz schuld. Von der Hitze des elektrischen Blitzschlags wird die Luft so heiß, dass sie sich rasend schnell ausdehnt. Dabei entsteht das plötzliche Grollen, das wir Donner nennen.

Warum ist Schnee weiß?

Schnee besteht aus lauter winzigen Eiskristallen. Liegen diese dicht an dicht als Schnee auf dem Boden, brechen sie alle sieben Farben des Lichts genau gleich. Sie vermischen sich zu weißem Licht und der Schnee erscheint weiß.

Schon gewusst?

Der lauteste **Donner** kann ein Haus beben und Fensterscheiben zerspringen lassen.

Stünde der **Mount Everest** auf dem tiefsten Meeresgrund, würde seine Spitze nicht aus dem Wasser ragen!

Es waren schon mehr Menschen auf dem **Mond** als in der tiefsten **Tiefsee**.

Die **Erdplatten** bewegen sich sehr langsam – manche nur etwa zwei Zentimeter im Jahr.

Bienen können **Farben** sehen, die für uns unsichtbar sind. Nur Rot sehen sie nicht!

Wenn der **Mond** hell genug scheint, kannst du manchmal einen **Mondregenbogen** sehen.

Durch die Drehung der Erde wiegt man am **Nordpol** und am **Südpol** weniger.

Wenn du Montagmorgen nach dem Frühstück mit dem **Flugzeug** zu einer Weltumrundung aufbrichst, kannst du am Mittwoch zum Mittagessen zu Hause sein.

Wir haben nur die eine **Sonne**, doch im Weltraum gibt es mindestens 200 Milliarden weitere Sonnen!

Der **Kern im Inneren der Erde** ist heißer als die Oberfläche der Sonne.

In Fledermaushöhlen sammeln sich riesige Haufen **Kot**. Stinkendes Gas tritt aus und tötet andere Tiere, die in die Höhle einziehen wollen.

Glühende Gesteinsbrocken werden aus einem **Vulkan** geschleudert. Wo sie landen, wächst nichts mehr.

Die Erde ist ein gigantischer **Magnet**. Viele Tiere, zum Beispiel Streifengänse, finden auf langen Reisen mithilfe des Magnetfelds ihren Weg.

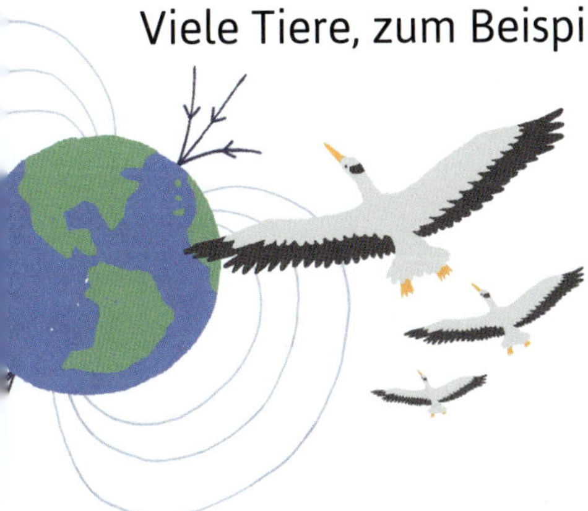

Im Inneren eines Vulkans ist es megaheiß. Die Lava kann dort bis zu 1.300 Grad Celsius erreichen.

Wenn große Seen **zufrieren**, wird das Eis mehr als einen Meter dick. Darauf kann sogar ein Auto fahren!

Die Anden sind die längste **Bergkette** der Welt und ziehen sich durch sieben Länder.

Was ist der Wasserkreislauf?

Die Bewegung des Wassers über die Erde nennt man Wasserkreislauf. Fast alles Wasser auf dem Planeten ist Salzwasser.

Der Wasserdampf kühlt ab, wird wieder flüssig und fällt als Regen oder Schnee herab. Dieses Süßwasser können wir trinken.

Ein Teil des Wassers versickert im Boden.

Im Fluss fließt das Wasser zu Tal.

Wasserkraft-werk

Der Fluss fließt zum Meer.

Wie versorgt ein Fluss eine Stadt mit Strom?

Fließt ein Fluss durch ein Wasserkraftwerk, kann er eine ganze Stadt mit Strom versorgen. Das Wasser strömt durch spezielle Maschinen, die die Kraft der Bewegung in Elektrizität umwandeln.

Wie viele Ozeane gibt es?

Eigentlich gibt es nur ein riesiges Weltenmeer. Um uns zurechtzufinden, haben wir diese Wassermassen aber in fünf Ozeane aufgeteilt. Etwa 70 Prozent der Erde sind von Wasser bedeckt, sie ist also wirklich ein blauer Planet.

Wenn die Flut abfließt, bleiben an felsigen Küsten Gezeitentümpel zurück.

Welches Meerestier ist zugleich groß und klein?

Die Koralle! Das winzige Tier baut um sich herum eine Schale aus Kalkstein. Milliarden Korallen zusammen bilden ein riesiges steinernes Riff.

An einem Korallenriff sind viele Tierarten zu Hause.

Warum ist das Meer salzig?

Das Salz kommt ursprünglich aus Felsen an Land. Flüsse waschen es heraus und tragen es ins Meer. Auch manche Steine am Meeresgrund enthalten Salz.

Wie tief ist das Meer?

In der Nähe der Küste ist das Wasser flach. Weiter draußen kann es sehr tief sein, dunkel und kalt. In der Tiefe leben merkwürdige Kreaturen!

Was ist der Äquator?

Der Äquator ist eine gedachte Linie, die die Erde in zwei Hälften teilt. Am Äquator ist das Wetter fast immer heiß und sonnig.

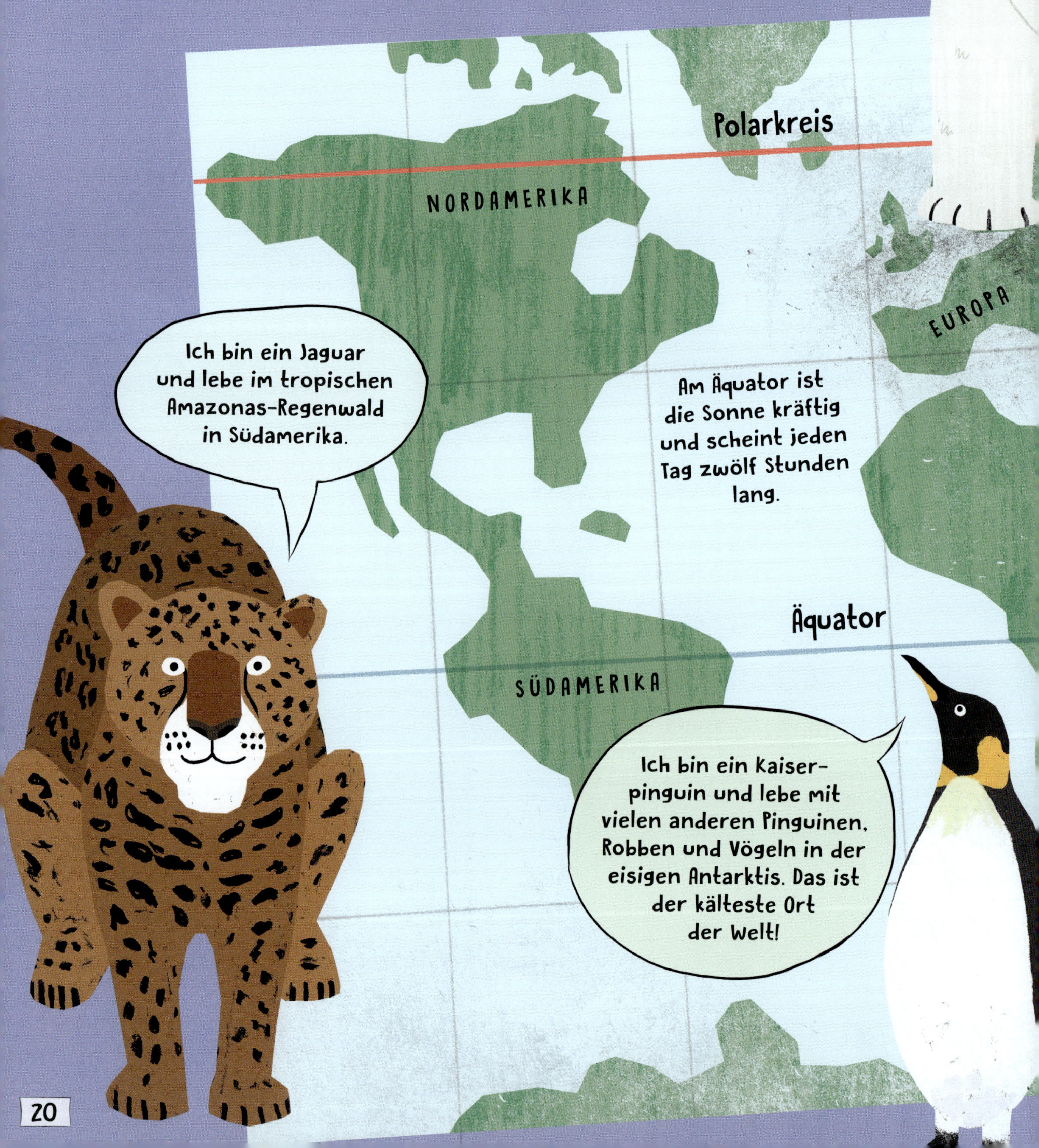

Wo scheint die Sonne um Mitternacht?

Im Sommer geht die Sonne im hohen Norden nicht unter. Sogar nachts sieht man in Teilen von Kanada, Alaska, Russland, Grönland, Norwegen und Schweden die Sonne am Himmel stehen. Dafür ist es im Winter stets dunkel und kalt.

Was ist die Regenzeit?

In den Tropen am Äquator ist es heiß und feucht. Im Sommer pustet ein starker Wind namens Monsun Feuchtigkeit über das Land. Das ist die Regenzeit.

Wie viele?

24

So viele Stunden hat ein Tag, weil es so lange dauert, bis die Erde sich einmal um sich selbst gedreht hat.

1 So viele Jahre braucht die Erde, um einmal um die Sonne zu reisen.

365

So viele Tage hat ein Jahr.

Jedes Jahr brechen ungefähr **50** Vulkane auf der Erde aus.

Eine der dicksten Schneedecken, die jemals gemessen wurden, war **9** Meter dick. Das ist so hoch wie drei Elefanten übereinander!

Am Nordpol friert im Winter das Meer zu. Das Eis wird an manchen Stellen mehr als **3** Meter dick.

Die tiefste Stelle im Meer heißt Marianengraben und ist ungefähr **11** km tief!

2 So viele Sommer erleben Küstenseeschwalben jedes Jahr. Die weißen Vögel fliegen den weiten Weg von der Arktis zur Antarktis, um das schönste Wetter mitzuerleben.

Ungefähr **1.000** Jahre dauert es, bis ein Wassertropfen in den Meeresströmungen die Erde umrundet hat.

Pro Jahr können im tropischen Regenwald **10.000** Millimeter Regen fallen, während es in den trockensten Wüsten weniger als ein Millimeter ist.

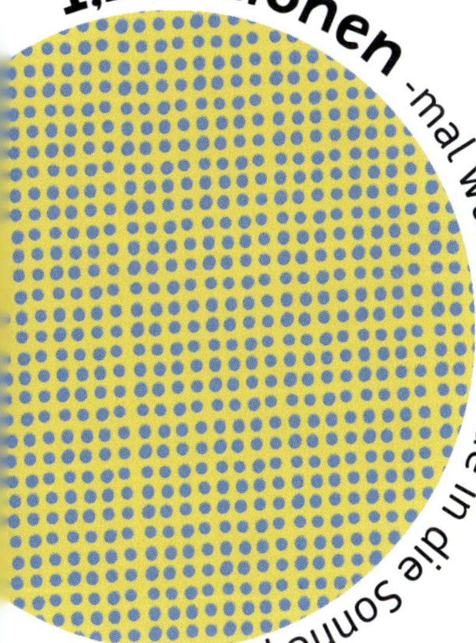

1,3 Millionen -mal würde die Erde in die Sonne passen.

Die Erde ist etwa **4,5 Milliarden** Jahre alt.

In der Antarktis rund um den Südpol kann es **–50** Grad Celsius kalt und noch kälter werden.

In den letzten **50** Jahren wurde etwa ein Drittel aller Regenwälder vernichtet.

Niemand weiß, wie viele verschiedene Tierarten es auf der Erde gibt. Es könnten um die **10 Millionen** sein.

Sind alle Wüsten heiß?

Nein, eine Wüste kann heiß oder kalt sein. Aber sie ist immer trocken, weil es nur selten regnet. In der heißen, sandigen Wüste Sahara regnet es mehr als in der Antarktis, einer Wüste voller Eis, Wind und Schnee!

Warum sehen Wüstenfelsen so komisch aus?

Der Wind wirbelt Wüstensand auf und pustet ihn gegen die Felsen. Mit der Zeit schmirgelt er so fantastische Formen zurecht, zum Beispiel Säulen, Bogen und Erdpyramiden.

Über seine großen Ohren kühlt sich der Fennek in der Sahara. Die Lauscher des Wüstenfuchses sind auch gut, um unter dem Sand krabbelnde Käfer aufzuspüren.

Warum bekommen Pinguine keine Erfrierungen?

Der Pinguin ist perfekt an das Leben in der Antarktis angepasst. Seine dichten Federn sind wie eine wasserdichte Decke. Durch seine Füße fließt warmes Blut, sodass sie nicht erfrieren.

Zum Wärmen halten Pinguine die Eier auf ihren Füßen.

Was ist eine Oase?

Eine Oase ist ein Platz mitten in der Wüste, an dem es Wasser gibt. Nur hier können dauerhaft Pflanzen wachsen.

Regnet es im Regenwald jeden Tag?

Affen und Papageien futtern tropische Früchte.

Ja, meistens! Regenwälder wachsen in den tropischen Gegenden am Äquator. Der größte ist der Amazonas-Regenwald in Südamerika. Er bietet Millionen Tieren und Pflanzen ein Zuhause: von winzigen Ameisen bis hin zu riesigen Bäumen.

Warum sind Pflanzen wichtig?

Tiere brauchen Pflanzen zum Überleben, denn sie bilden Sauerstoff. Diesen atmen wir aus der Luft. Außerdem können wir und andere Tiere Pflanzen essen. Wenn Pflanzen sterben, verrotten sie und bilden Humus, auf dem wieder neue Pflanzen wachsen können.

Pflanzen im Regenwald haben große Blätter und blühen das ganze Jahr.

Auf dem Waldboden sind Pilze, Frösche sowie Milliarden Ameisen und andere Krabbeltiere zu Hause.

Bäume wachsen hoch und gerade, um ans Sonnenlicht zu kommen.
Im Regenwald kann es ganz schön laut zugehen. Vögel zwitschern, Insekten summen und wir Brüllaffen rufen uns gegenseitig.
Echsen und Schlangen jagen Insekten.
Mucksmäuschenstill schleichen Jaguare durchs Dickicht oder verstecken sich auf hohen Ästen.
Morphofalter
Lianen sind Kletterpflanzen mit langen, biegsamen Stämmen und baumelnden Ästen.

Lieber so oder so?

Würdest du lieber im **All** nach Außerirdischen suchen oder am **Meeresgrund** fremdartige Fische entdecken?

Stell dir vor, du wärst gefrorenes Wasser: Wärst du lieber eine **Schneeflocke** oder ein **Eiszapfen**?

Wärst du lieber so **hoch** wie ein Berg oder so **bunt** wie ein Regenbogen?

Möchtest du lieber wie ein **Affe** schaukeln oder wie ein **Fisch** schwimmen?

In welchem Boot würdest du jetzt gern sitzen ...

... in einem Kanu auf dem **Amazonas** oder in einem Segelboot auf dem **Atlantik**?

Möchtest du lieber nach **Diamanten** graben ...

... oder nach **Dinosaurierknochen**?

Wenn du anderswo leben könntest, wäre das in einer Wüste wie der **Fennek** oder in der Arktis wie der **Eisbär**?

Wenn du eine Pflanze sein könntest, wärst du dann ein riesiger **Regenwaldbaum** oder ein stacheliger **Kaktus**?

Was bekommen wir von der Erde?

Eine Menge! Diese Dinge nennt man natürliche Ressourcen. Tiere und Pflanzen nutzen wir für Nahrung und Kleidung. Aus Metallen und anderen Mineralien stellen wir Dinge her. Sogar Wind und Wasser brauchen wir, um Strom zu erzeugen.

Manche Stoffe sind synthetisch, werden also künstlich aus Öl oder anderen Chemikalien hergestellt.

Bleistifte und Papier werden aus dem Holz von Bäumen gemacht.

Metall ist hart und glänzend. Es lässt sich nicht so leicht biegen. Metall findet man in Gesteinen in der Erdkruste.

Das Fell der Schafe ist die Wolle. Daraus kann man Stoff herstellen.

Natürliche Stoffe werden etwa aus Pflanzenfasern oder Tierhaar gefertigt.

Woher kommen Diamanten?

Diamanten sind Mineralien und entstehen tief in der Erde. Sie sind das härteste natürliche Material, doch man kann sie schneiden und schleifen. So werden sie zu glitzernden Edelsteinen.

Warum braucht die Erde unsere Hilfe?
Wir machen unseren Planeten kaputt!
Wir fällen zu viele Bäume. Aber sie produzieren den Sauerstoff, den wir atmen, und geben Tieren ein Zuhause.
Unsere Abfälle verseuchen die Ozeane. Korallenriffe und Tiere sterben.
Wir verschmutzen die Luft in der Atmosphäre. Das macht den Planeten zu warm.
Was kannst DU dagegen tun?

Jedes Jahr am 22. April werden weltweit Menschen aktiv, um unseren Planeten ein Stück grüner zu machen.

Fragen über Fragen

Warum fallen wir nicht von der Erde runter, während sie sich um sich selbst dreht?

Zum Glück hält uns eine spezielle Kraft, die Schwerkraft, auf dem Boden. Da die Erde schwerer ist als wir Menschen, zieht uns ihre Anziehungskraft in Richtung des Erdmittelpunkts.

Wie hilft Zufußgehen der Erde?

Auto- und Busmotoren verbrennen meist Kraftstoff aus Erdöl und der verpestet die Luft. Geh also lieber zu Fuß oder fahr mit dem Rad, wenn dir eine saubere Umwelt lieb ist.

Können Autos statt mit Benzin auch mit Schokolade fahren?

Nicht ganz, aber fast. Schokolade wird aus Kakaobohnen gemacht. Aus den Bohnenschalen, die übrig bleiben, lässt sich umweltfreundlicher Biokraftstoff herstellen.

Warum rostet mein Fahrrad?

Fahrräder werden aus einem Metall namens Eisen produziert. Wenn Eisen (zum Beispiel bei Regen) nass wird, verbindet sich der Sauerstoff aus dem Wasser mit dem Eisen zu einem neuen Stoff: Eisenoxid oder Rost.

Können Schlangen in der Antarktis überleben?

In der Antarktis gibt es keine Schlangen – Eis und Schnee sind einfach zu kalt. Die Körpertemperatur von Schlangen ist nämlich immer so hoch wie die ihrer Umgebung. In der Antarktis würden sie erfrieren. Schlangen brauchen es warm!

Warum fliegen Flugzeuge über den Wolken und nicht darunter?

Im Flug drückt die Luft von vorne gegen das Flugzeug, das nennt man den Luftwiderstand. Über den Wolken ist die Luft dünner, also ist auch der Widerstand kleiner. Flugzeuge bleiben leichter oben und verbrauchen weniger Treibstoff.

Wird es die Erde für immer geben?

Nein, aber: Die Erde ist 4,5 Milliarden Jahre alt, für einen Planeten ist das ziemlich jung. Also keine Panik!

Wie tauchen Menschen in die Tiefsee hinab?

Forscher und Wissenschaftler fahren in speziellen Tauchbooten Tausende Meter in die Tiefe. Den tiefsten Punkt im Marianengraben haben bisher nur wenige Menschen erreicht.

Was ist ein Tsunami?

Eine Riesenwelle, die alles zerstört. Auf dem offenen Meer ist ein Tsunami nicht besonders groß. Erst wenn er sich dem Land nähert, türmt er sich bis zu 30 Meter hoch. Tsunamis entstehen durch Erdbeben am Meeresgrund.

Frühwarnsysteme geben den Menschen Zeit, sich fern der Küste in Sicherheit zu bringen, bevor der Tsunami anrollt.

Wie viel Uhr ist es am Nordpol?

Wie viel auch immer du willst! Während des Winters gibt es keinen Tag und im Sommer keine Nacht. Die Uhrzeit ist an den Polen also nicht so wichtig wie anderswo.

Gibt es am Meeresgrund Berge?

Ja, riesige Berge, die Tiefseeberge. Sie entstehen, wenn unterseeische Vulkane ausbrechen. Es gibt hier viel zu futtern und damit auch jede Menge Tiere.

Hast du große Zähne?
Möchtest du lieber ein Korallenriff oder die Tiefsee besuchen?
Was ist dein Lieblings-meerestier?
Bist du gesellig wie ein Delfin oder scheu wie ein Seepferdchen?

Wenn du einen Tag lang ein Meerestier sein könntest, welches wäre das?

DIE OZEANE

Magst du lieber schwimmen oder eislaufen?

Mit einem Wal oder einem Walross plaudern – was möchtest du lieber?

Wie groß ist ein Ozean?

Es gibt fünf Weltmeere und sie sind RIESIG! Zusammen bedecken sie zwei Drittel der gesamten Erdoberfläche.

Sind die Ozeane wichtig?

Ja, denn hier leben unzählige Tiere und Pflanzen! Auch Menschen nutzen das Meer für alles Mögliche. Zum Beispiel stecken Wasserpflanzen namens Rotalgen in Erdnussbutter, dadurch ist sie leichter zu verstreichen.

Warum ist das Meer blau?

Das Sonnenlicht besteht aus verschiedenen Farben. Scheint es aufs Meer, verschwinden fast alle Farben im Wasser. Nur blaues Licht wird zurückgeworfen und darum sieht das Meer blau aus.

Was ist ein Fisch?

Fische sind Tiere mit einer Wirbelsäule, Kiemen und Flossen. Es gibt mehr als 32.000 Fischarten und die meisten sind im Meer zu Hause.

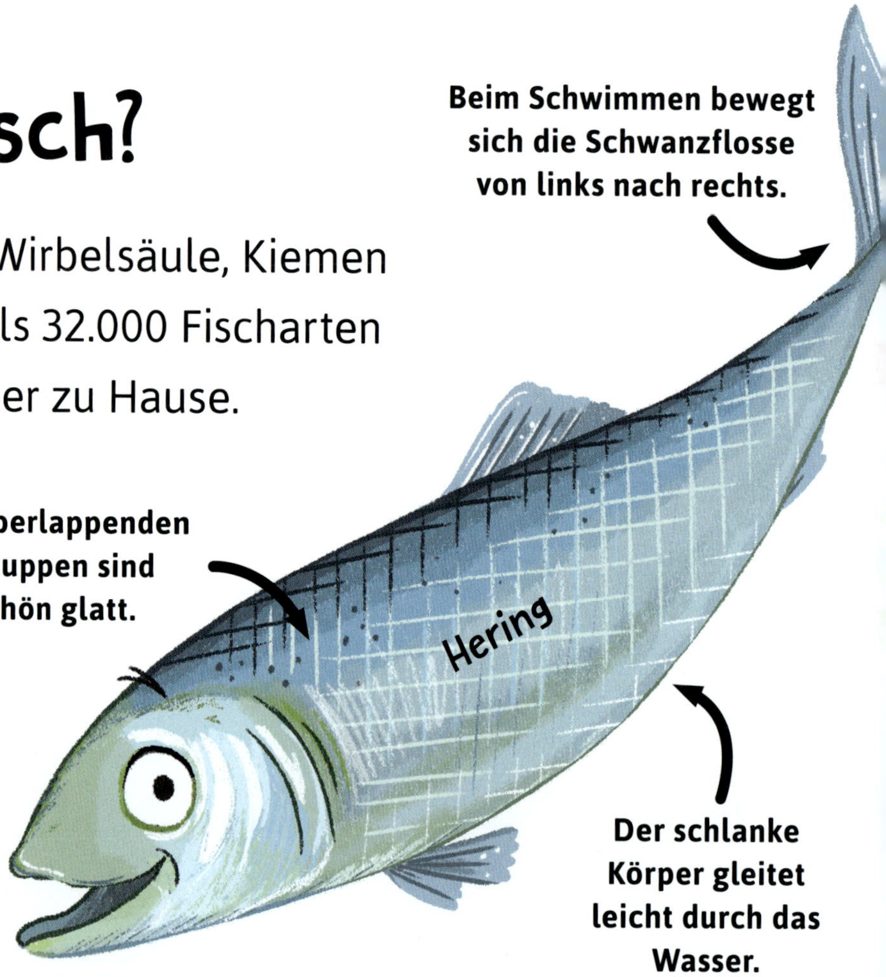

Können Menschen auch unter Wasser atmen?

Haben Fische ein Zuhause?

Manche ja. Clownfische leben zwischen den Tentakeln der giftigen Seeanemonen. Schleim auf ihrer Haut schützt die Fische vor deren Nesselgift, aber Angreifer trauen sich nicht an sie heran!

Können Fische fliegen?

Nein – aber manche können gleiten. Fliegende Fische haben stromlinienförmige Körper. Mit ihren großen Flossen katapultieren sie sich aus dem Wasser.

Ist meine Nase wie die eines Hais?

Schon gewusst?

Futtern im Rekordtempo: Der **Gestreifte Anglerfisch** saugt seine Nahrung wie ein Staubsauger ins Maul – 50-mal schneller als ein Augenzwinkern!

Mit einer Länge von drei Metern ist der **Mondfisch** einer der größten Knochenfische.

Zapp! gibt es einen Stromstoß vom **Zitterrochen**. Dann wird die betäubte Beute in aller Ruhe aufgefuttert.

Kraken werden rot, wenn sie sich ärgern.

Seetang steckt oft als Verdickungsmittel im Eis.

Pottwale haben das größte Gehirn auf dem Planeten – und vielleicht sogar im Universum!

Vor 500 Millionen Jahren gab es nur in den Ozeanen Leben.

Kleine Haie und Robben heißen **Jungtiere**, Babyfische nennt man **Brut**.

Wale und **Delfine** sind keine Fische, sondern Säugetiere.

Haihaut fühlt sich an wie Sandpapier. Die winzigen Rillen auf den Schuppen lassen die Tiere leichter durchs Wasser gleiten.

Der **Weiße Hai** kann auf einmal so viel Fleisch verdrücken, wie in 3.000 Burgern steckt. Allerdings fastet er danach mindestens zehn Tage lang.

Eisbären und **Pinguine** treffen sich nie, weil Pinguine am Südpol leben und Eisbären am Nordpol!

Früher glaubten Seeleute, dass **Dugongs** Meerjungfrauen wären. Dabei sind es rundliche Säugetiere mit Appetit auf Wasserpflanzen.

Wachsen im Meer Bäume?

Nein – aber der meterhohe Seetang namens Kelp bildet auch eine Art Wald. Kelpwälder gibt es zum Beispiel im Pazifik. Kelp wächst bis zu 50 Zentimeter an einem Tag.

Wer macht Picknick am Meeresgrund?

Das machen Meerechsen. Sie können bis zu zwölf Meter tief tauchen und eine Stunde dort unten bleiben. Genug Zeit, um gemütlich Seetang zu knabbern.

Seeotter wickeln sich in Kelp, damit sie nicht abtreiben.

Gehen Fischkinder in den Kindergarten?

Junge Fische und Reptilien verbergen sich in den sogenannten Kinderstuben vor Feinden. Flaches Wasser mit Seegras oder Mangrovenwurzeln ist dafür besonders praktisch.

Was fressen Schildkröten?

Grüne Meeresschildkröten futtern sich unter Wasser auf den Seegraswiesen satt.

Wer spielt Verstecken?

Das tun viele Meerestiere! Am Korallenriff leben unzählige Lebewesen eng zusammen. Dank vieler cleverer Tricks werden die einen nicht von den anderen gefressen.

Brauchen Fische auch Freunde?

Kann man ein Riff vom Weltall aus sehen?

Ja, das Große Barriereriff. Es liegt vor der Küste Australiens und ist über 2.300 Kilometer lang. Riffe werden von Mini-Korallen namens Polypen gebaut. Jede von ihnen lebt in einer steinigen Schale und wedelt mit den Tentakeln im Wasser herum.

Wie lange dauert es, bis eine Insel ensteht?

Wenn auf dem Meeresgrund ein Vulkan ausbricht, nur wenige Jahre! Lava (flüssiges Gestein) fließt aus dem Vulkan und wird fest. Aus den Lavaschichten entsteht eine ganze neue Insel.

Findet man auf Inseln Schätze?

Na, klar – allerdings keinen Piratenschatz. Die Schätze einer Insel sind die wunderbaren Tiere, die hier leben.

Schwarz-
weißer Vari

Wer lebt auf Inseln?

Auf Inseln gibt es oft Tiere, die sonst nirgendwo zu finden sind. So auch auf der Insel Madagaskar im Indischen Ozean: Hier und nur hier sind rund 60 Lemurenarten (wie der Schwarz-weiße Vari) zu Hause.

Wie viele?

Etwa
100 Millionen
Haie werden jedes Jahr von Menschen getötet.

10 Meter Länge eines Schnurwurms

400 Millionen

So viele Jahre sind Haie schon in den Weltmeeren zu Hause.

7 Meter

Länge des größten Leistenkrokodils

Im Meer gibt es mehr Vulkane als an Land. **452** liegen am Rand des Pazifik.

Kugelfische sind giftig. Pro Jahr sterben ungefähr **30** Menschen nach einer Kugelfischmahlzeit.

Ein Seestern kann mehr als **30** Arme haben!

Auf meinen Armen sitzen Hunderte winziger Füßchen. So laufe ich über den Meeresboden.

Auf der Weihnachtsinsel gab es **40 Millionen** Krabben – bis die Gelben Spinnerameisen kamen. Sie haben schon etwa **15 Millionen** Krabben mit Ameisensäure besprüht und dann aufgefressen.

507

So viele Jahre alt war eine Muschel, die man im Atlantik gefunden hat.

40.000

Puh!

So viele Eier kann ein Hering auf einmal legen.

Der Riesenzahn eines Narwals kann **3 Meter** lang werden.

350

Anzahl der Korallenarten im Großen Barriereriff

1 Million

Seevögel sterben jedes Jahr an Plastikmüll, der im Meer landet.

Deswegen sollte man unbedingt weniger Plastik verbrauchen und viel recyceln.

Wer schläft im Schlamm?

Seegurken! Diese Meeresbewohner, die an Schnecken erinnern, leben im Schlamm, essen ihn und scheiden ihn aus. Seegurken sind Tiere, kein Gemüse, aber essen kann man sie auch.

Wie erforscht man die Tiefsee?

Menschen können unter Wasser nicht atmen, aber forschen können sie dort trotzdem. Dafür gibt es Tauchgeräte, Tauchboote und Tauchroboter mit Kameras.

Dank ferngesteuerter U-Boote können Menschen das Meer erforschen, während sie sicher an der Oberfläche bleiben.

Wer erhellt die dunkle Tiefsee?

Das Sonnenlicht kann die Tiefsee nicht erreichen. Also machen einige Tiere einfach ihr eigenes Licht!

Wer steht auf drei Beinen?

Dreibeinfische stehen mit ihren drei schmalen Flossen auf dem Meeresboden. So ein Flossenbein kann 50 cm lang werden! Die Fische halten das Maul offen und warten, dass Beute hineinschwimmt.

Warum kommt und geht das Meer?

Wenn du Zeit am Meer verbringst, wirst du merken, dass es mal kommt und mal geht. Ebbe und Flut – die Gezeiten – verdanken wir in erster Linie dem Mond!

Wer geht gern surfen?

Menschen natürlich – aber Delfine lieben das Wellenreiten auch! Es stärkt das Gruppengefühl der Tiere.

Welche Tiere gehen zur Schule?

Wer futtert an der Küste?

Kegelrobben fangen nah dem Ufer alles Mögliche, von Krabben bis hin zu Seevögeln. Aber sie können auf der Jagd auch 70 Meter tief tauchen.

Lieber so oder so?

Was würdest du lieber tun – mit einem **Seeadler** fliegen oder mit einem **Pinguin** surfen?

Was wäre dir lieber: Stacheln wie ein **Tannenzapfenfisch** oder ein Riesenmaul wie ein **Kieferfisch**?

Würdest du lieber als **Meeresbiologe** tierische Ozeanbewohner erforschen oder als **Meeresgeologe** die Geheimnisse des Meeresgrunds lüften?

Händchen halten mit einem pelzigen **Seeotter** …

… oder mit einer **haarigen Yetikrabbe**?

Lässt du deine Füße lieber von **Putzerlippfischen** beknabbern oder von einem **Federwurm** kitzeln?

Hättest du lieber so lange Zähne wie das **Walross** oder so eine spitze Schnauze wie der **Fächerfisch**?

Möchtest du so viel futtern wie ein **Blauwalbaby** …

Ich bin so groß wie ein Elefant und trinke am Tag 200 Liter Milch!

… oder so wenig wie eine **Krakenmama**?

Während ich mich um meine Eier kümmere, esse ich gar nichts – und das kann acht Monate dauern!

Wer kann auf Wasser laufen?

Eisbären! Sie leben im Nordpolarmeer. Dort ist es so kalt, dass der Ozean zufriert.

Warum erfrieren Fische nicht?

Das Blut der Krokodileisfische gefriert selbst dann nicht, wenn das Meerwasser zu Eis wird!

Warum schwimmen Eisberge?

Eisberge bestehen aus gefrorenem Wasser. Eis ist leichter als Wasser, daher schwimmen sie. Auch flache Eisschollen treiben auf dem Meer. Sie sind prima Ruheplätze für Pinguine und Robben, wenn sie eine Pause vom Schwimmen und Rutschen brauchen.

Wer kann kräftig zuschlagen?

Für seine Größe ist der Fangschreckenkrebs eines der stärksten Tiere der Welt! Mit den Keulen an seinen Fangbeinen haut er anderen Tieren kräftig eine runter.

Welcher Fisch hat das stärkste Gift?

Warum stechen Quallen?

Ihre langen Tentakel bescheren der Qualle die nächste Mahlzeit. An ihren Enden sitzen winzige Giftpfeile, die sich in vorüberschwimmende Fische bohren.

Wer riecht einen Blutstropfen im Ozean?

Das können Haie. Sie sind perfekte Jäger mit einem unglaublichen Geruchssinn. So spüren sie Fische und andere Beutetiere auf.

Gibt es echte Seeungeheuer?

Im Meer gibt es ungeheuer große Tiere … aber keine Ungeheuer! Von mächtigen Rochen über Riesenkrabben bis hin zum größten Tier der Erde lauern in den Tiefen der Ozeane ein paar echte Giganten.

Warum speien Wale Wasser?

So atmen sie! Alle Wale haben ein oder zwei Blaslöcher, ähnlich unseren Nasenlöchern. Die Blasfontäne eines Wals ist nichts anderes als ein mächtig feuchtes Ausatmen.

Welche Krabbe hat die längsten Beine?

Die Japanische Riesenkrabbe hat zehn Beine, jedes mehr als zwei Meter lang! Außerdem können die Megakrebse 100 Jahre alt werden.

Welches Tier ist am größten?

Ich, der Blauwal, bin das. Ich werde 25 Meter lang. Allein meine Zunge wiegt so viel wie ein Elefant.

Könntest du ein Schiff versenken?
Riesenmanta
Aber nein! Früher glaubten Seeleute, dass Rochen wie ich ein Schiff zum Meeresgrund ziehen könnten. Deswegen nannten sie mich Teufelsrochen. Ich bin wirklich riesig (bis zu sieben Meter breit), aber vollkommen harmlos.
Riesenkrake
Blauwal
Wer kann dich aus vier Metern kitzeln?
Ich! Meine acht Arme sind vier Meter lang und auf jedem sitzen über 200 kräftige Saugnäpfe.

Fragen über Fragen

Kann ich über das Meer schwimmen?

Bisher hat kein Mensch einen Ozean durchschwommen, ohne sich unterwegs auf einem Schiff auszuruhen. Wale, Haie und Schildkröten schaffen es.

Bei den Drescherhaien kann der obere Lappen der Schwanzflosse genauso lang sein wie der Rest des Körpers.

Warum haben Drescherhaie so lange Schwanzflossen?

Sie betäuben ihre Beute, indem sie mitten in einem Fischschwarm kräftige Flossenschläge austeilen.

Welcher Fisch verknotet sich?

Wenn der glitschige Schleimaal am Meeresboden tote Tiere futtert, macht er oft einen Knoten in seinen Körper.

Wie clever ist ein Krake?

Sehr! Kraken können etwa Gläser öffnen, in denen sie Futter vermuten. Sie erkennen wahrscheinlich auch ihr eigenes Spiegelbild.

Kann ich Meerwasser trinken?

Nein, lieber nicht. Meerwasser ist zu salzig und häufig verschmutzt. Der Dreck ist nicht nur für dich, sondern für alle Lebewesen schlecht!

Ist das Auge gerade gewandert?

Vielleicht! Babyflundern haben auf jeder Körperseite ein Auge. Wenn sie groß werden, wandert ein Auge zum anderen. So können erwachsene Flundern flach auf dem Meeresboden liegen und trotzdem alles gut sehen.

Warum ist der Blobfisch so hässlich?

Bringen Forscher einen Blobfisch nach oben, wird sein weicher, schwammartiger Körper ganz schlaff. Unten auf dem Meeresboden sieht er ganz anders aus.

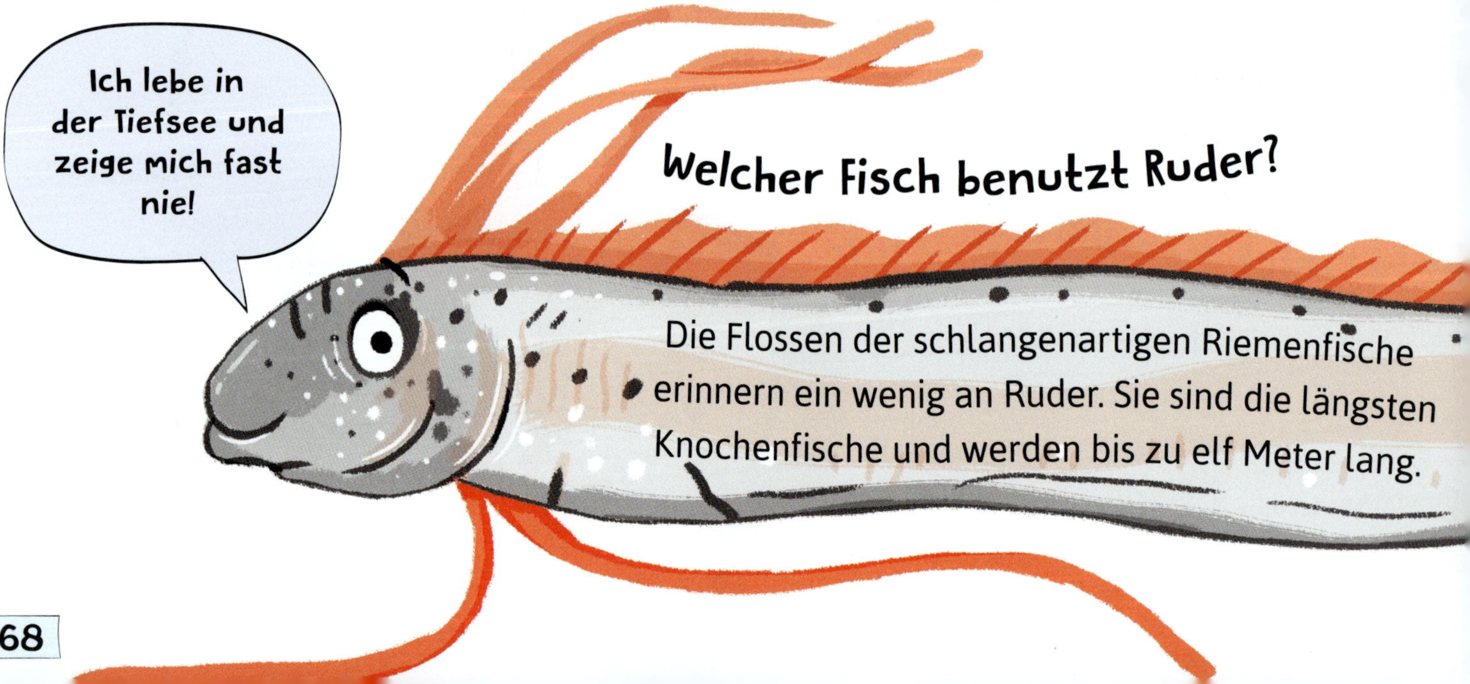

Welcher Fisch benutzt Ruder?

Die Flossen der schlangenartigen Riemenfische erinnern ein wenig an Ruder. Sie sind die längsten Knochenfische und werden bis zu elf Meter lang.

Haben alle Haie große Zähne?

Nein. Walhaie können in ihren Riesenmäulern zwar bis zu 3.000 Zähne haben, aber die sind nur winzig. Walhaie futtern damit Plankton und kleine Fische.

Warum leuchtet der Leuchtkalmar?

Um sich zu verstecken und um gesehen zu werden. Will er sich verbergen, ahmt der Tintenfisch das Licht seiner Umgebung nach. Richtig hell strahlt er, um einen Partner zu finden.

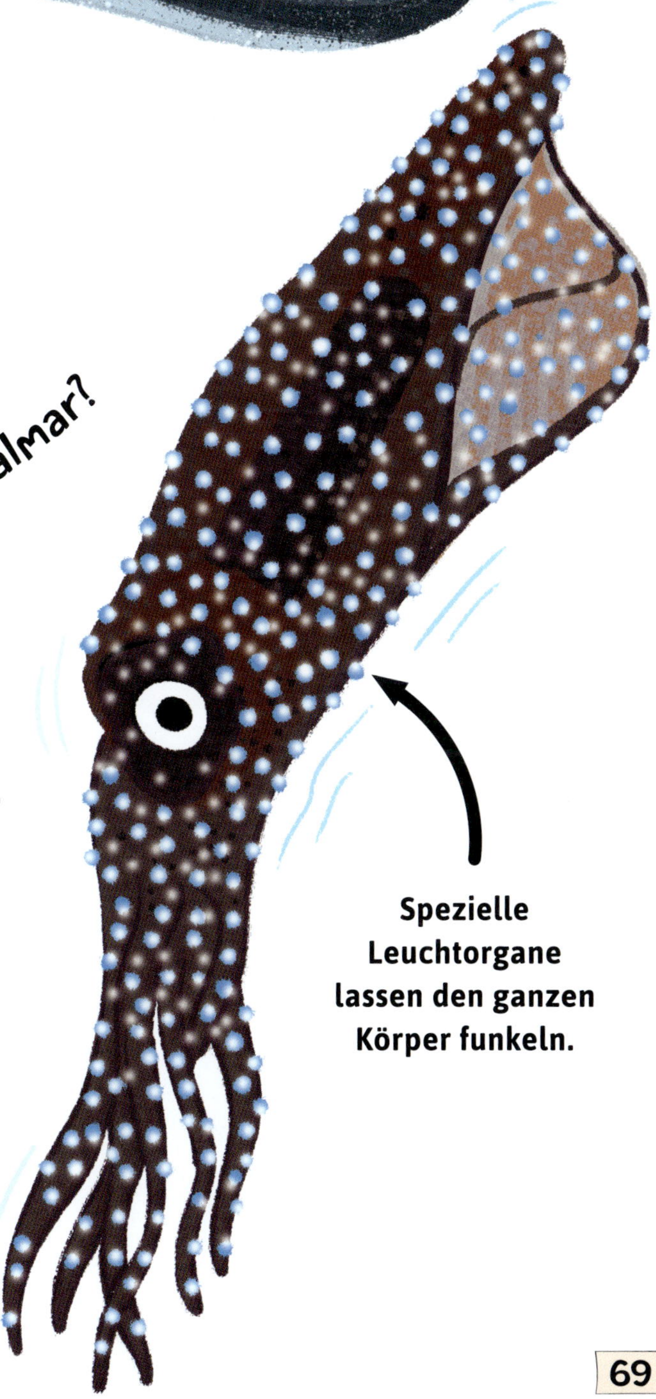

Was tust du am liebsten, wenn es regnet?
Möchtest du lieber einen Berg erklimmen oder ein Iglu bauen?
Was macht dir Spaß?

DAS WETTER

Macht dir Donner Angst?
Was tust du am liebsten bei Sonnenschein?
Was liebst du an deiner Heimat?
Welcher Name passt zu einem Hurrikan?
Was ist deine Lieblingsfarbe?

Was ist Wetter?

Die Erde ist von einer Luftschicht umgeben, der Atmosphäre. Diese verändert sich ständig und genau daher kommt unser Wetter: heiß, kalt, nass, windig oder sonnig.

Sonne

Warum gibt es Wetter?

Die Sonne ist unser nächster Stern. Sie ist zwar endlos weit weg, doch ihre große Hitze erreicht uns. Dadurch ändert sich der Luftdruck auf der Erde. Ist es hier kalt und dort warm, entstehen starke Winde und Meeresströmungen.

Warum gibt es Jahreszeiten?

Auf ihrem Weg um die Sonne ist die Erde leicht gekippt. Dadurch lehnt sich mal der nördliche und mal der südliche Teil des Planeten zur Sonne hin. Neigt sich der Norden zur Sonne, ist dort Sommer und im Süden Winter.

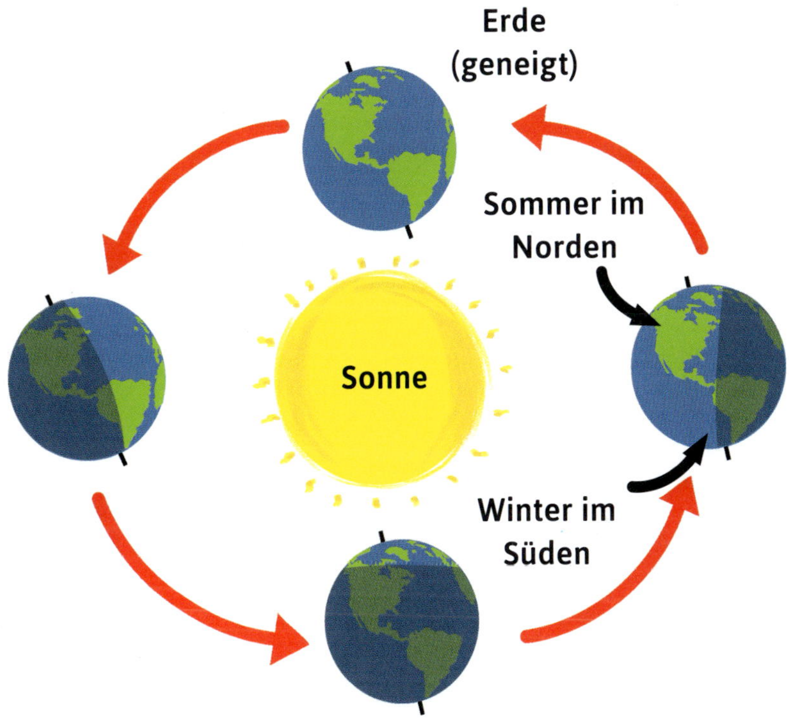

Ist das Wetter wichtig?

Ja, weil Menschen, Tiere und Pflanzen zum Leben Sonne, Wärme und Wasser benötigen. Extremes Wetter wie Sturm und Überschwemmungen kann uns sogar gefährlich werden.

Was macht Wasser wunderbar?

Wasser ist flüssig. Friert es, wird es zu festem Eis. Es kann aber auch zu einem Gas werden, dem Wasserdampf. Wasser verändert sich, aber es bleibt.

2 Es wird gasförmig

Die Wärme der Sonne verwandelt Wasser in Wasserdampf. Das nennt man **Verdunstung**.

1 Es gibt eine Menge!

Mehr als **zwei Drittel** der Erde sind von Wasser bedeckt.

Wasser ist wertvoll

Frischwasser hält uns **am Leben** und lässt die Pflanzen wachsen. Es ist toll zum Waschen, Schwimmen, Bootfahren und natürlich zum Spielen!

3 Es kühlt ab

Der Wasserdampf steigt in die Höhe und wird dabei kälter. Das Wasser **konden-siert** und wird wieder flüssig.

4 Es bildet Wolken

Wassertropfen und feste Eiskristalle sammeln sich an Staubkörnern und bilden **Wolken**.

5 Es fällt wieder runter

Das Wasser fällt als **Regen** oder **Schnee** wieder zurück auf die Erde.

6 Es läuft immer weiter

Regen und geschmolzener Schnee füllen Flüsse, Seen und Ozeane, und der **Wasserkreislauf** beginnt von Neuem. So beeinflusst das Wasser unser Wetter.

Wie heiß kann es werden?

Die höchste Temperatur im Death Valley in Kalifornien betrug mehr als 56 Grad Celsius. In der Wüste Lut im Iran hat ein Wettersatellit sogar über 70 Grad gemessen!

Wo ist es am trockensten?

In der Atacama-Wüste in Chile hat es einmal 14 Jahre lang nicht geregnet. Lange Zeiten ohne Regen nennt man Dürre.

Warum sonnen sich Echsen?

Reptilien wie diese Echse sind Kaltblüter und können ihren Körper nicht selbst aufheizen. Bei einem Sonnenbad wärmen sie sich auf.

Wie überleben Pflanzen in der Wüste?

Einige legen einen Wasservorrat an. Kakteen speichern Wasser in ihren stacheligen Sprossen, Baobabs in ihren breiten Stämmen.

Wann wird die Sonne gefährlich?

Wo entsteht das Wetter?

In der Schicht der Atmosphäre, die der Erde am nächsten ist. Die Atmosphäre umgibt unseren Planeten wie eine schützende Decke und hält schädliche Sonnenstrahlung aus dem All von ihm ab.

Cumulonimbus

Was sind Hoch und Tief?

Riesige Luftmassen wirbeln um die Erde herum. Hochdruckgebiete (oder Hochs) drücken die Luft auf die Erde hinab. Das Wetter wird trocken, die Luft klar. Tiefdruckgebiete (oder Tiefs) bringen mildes Regenwetter. Die Grenze zwischen Hoch und Tief heißt Front.

Cirrus

Warum haben Wolken so komische Formen?

Wolken sind mal weiß und fluffig, mal dünn und rauchig. Manchmal bauen sie sich zu riesigen Türmen auf und mal zu kleinen Tupfen. Das hängt davon ab, ob sie aus Wasser oder Eis bestehen, und davon, wie hoch sie sind.

Wolken können wie Drachen, Burgen oder Bären aussehen. Was für Luftschlösser siehst du?

Schäfchenwolken

Findet man Gold am Ende des Regenbogens?

Leider nur im Märchen! Ein Regenbogen ist ein wunderschöner Anblick. Luft ist farblos, doch wenn das Licht durch Regen oder Nebel fällt, spalten die Wassertropfen es in einen Bogen aus glänzenden Farben.

Warum weht der Wind?

Warme Luft steigt auf und sofort saust kalte Luft herbei, um ihren Platz einzunehmen. Schon ist es windig! Manche Winde wehen zwischen Land und Meer, manche über Wüsten oder Gebirgen, andere um die ganze Erde.

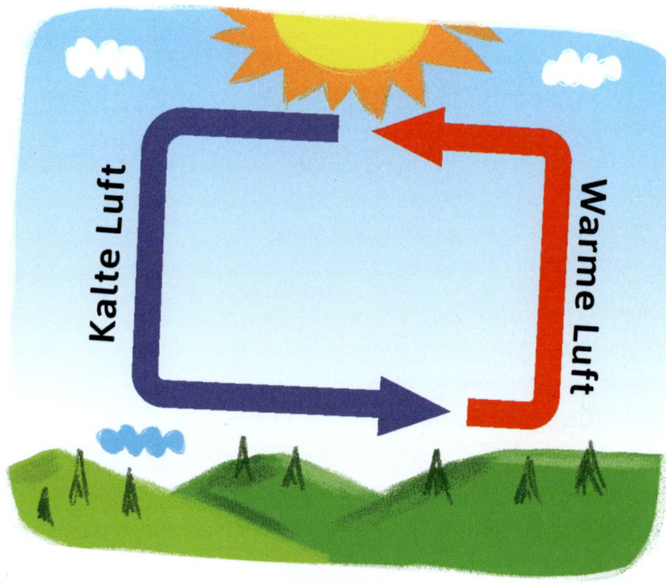

Wie hilft der Wind den Pflanzen?

Die Samen vieler Bäume und Blumen werden vom Wind verteilt. Löwenzahnsamen sind leicht und fluffig und können sehr weit schweben. Ahornsamen drehen sich wie die Rotoren von Hubschraubern.

Was ist der Monsun?

Das ist ein Wind, der über Indien weht. Der Wintermonsun bringt trockenes Wetter. Im Sommer sammelt er Wasser über dem Meer und beschert dem Land jede Menge Regen.

Warum segeln Vögel auf dem Wind?

Wie formt der Wind die Felsen?

Wind trägt häufig Staub, Sand und feinen Kies mit sich. Damit schmirgelt er Felsen und Klippen zu den merkwürdigsten Gebilden. Wasser, Eis und Hitze formen die Erdoberfläche zusätzlich.

Lieber so oder so?

Machst du lieber Ferien an einem **heißen** oder einem **kalten Ort**?

Hörst du lieber **Donner** oder siehst dir grelle **Blitze** an?

Spielst du Fußball lieber in **Regen und Matsch** oder während einer **Hitzewelle**?

Fährst du lieber an einem **ruhigen Tag** Boot ...

... oder segelst durch den **Sturm**?

Fliegst du lieber **über** den Wolken ...

Ziehst du lieber einen **Wollmantel** an wie ein Schaf oder eine **grüne Regenjacke** wie ein Frosch?

Magst du lieber **surfen** …

… oder **snowboarden?**

Arbeitest du lieber im **Sturm** draußen auf dem Meer oder tüftelst **drinnen** an einem Wettersatelliten?

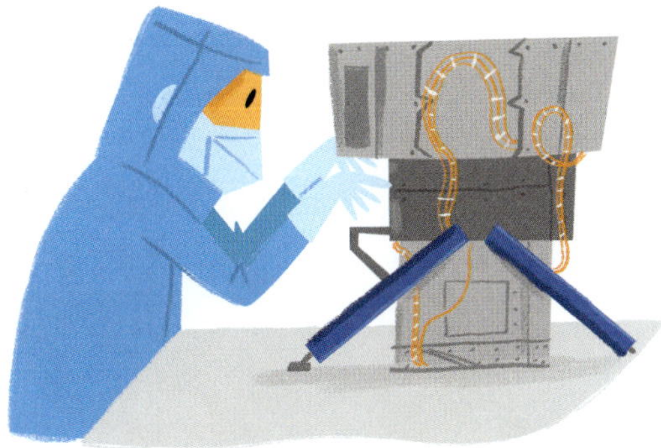

… oder schwebst **unterhalb** der Wolken?

Was ist ein Hurrikan?

Ein heftiger tropischer Wirbelsturm, auch Taifun oder Zyklon genannt. Dabei dreht sich eine gigantische Wolke über dem Meer im Kreis. Der Sturm rast mit 180 Stundenkilometern oder noch schneller über die Erde.

Ist ein Hurrikan bedrohlich?

An Land kann ein Hurrikan gefährliche Kräfte entfalten. Es entstehen Monsterwellen, Starkregen, Überschwemmungen und Erdrutsche. Bäume stürzen um, ganze Häuser werden zerstört und die Menschen sind in Gefahr.

Wo liegt die Tornadogasse?
In der Mitte der USA, wo regelmäßig die stärksten Wirbelstürme der Welt vorkommen. Sie heißen Tornados oder Twister. Ihre düsteren, staubigen Windhosen drehen sich mit bis zu 500 Stundenkilometern und saugen Autos und sogar Häuser in sich auf.
ACHTUNG!
Was ist eine Wasserhose?
Einen Wirbelsturm, der sich aus feuchtwarmer Luft über Meeren oder Seen bildet, nennt man Wasserhose. Oben hängt sie meist in den Wolken.

Warum sind Gewitterwolken schwarz?

Gewitterwolken sind so voll mit Regentropfen, dass sie sehr düster aussehen. Sie türmen sich bis zu 15 Kilometer hoch auf.

Warum kommen Blitze aus den Wolken?

Vom warmen Erdboden steigt Wasserdampf auf und bildet Wolken. Dort oben kühlt er ab und gefriert zu kleinen Eiskügelchen. Diese reiben durch Luftströmungen aneinander und werden so elektrisch aufgeladen.

KNALL!

So ein Gewitter kann gefährlich werden.

BUMM!

Warum knallt der Donner?

Die Hitze eines Blitzes ist unfassbar, heißer sogar als die Sonne. Die erhitzte Luft dehnt sich so plötzlich aus, dass eine Druckwelle entsteht.

Wie schnell ist ein Blitz?

Die Elektrizität in den Wolken wandert zum Erdboden oder zu anderen Wolken, sodass ein Blitz entsteht. Er überwindet 120.000 Kilometer in einer einzigen Sekunde.

Was kommt zuerst – Donner oder Blitz?

Sie geschehen gleichzeitig, allerdings sehen wir den Blitz früher. Licht ist einfach viel schneller als Schall.

Schon gewusst?

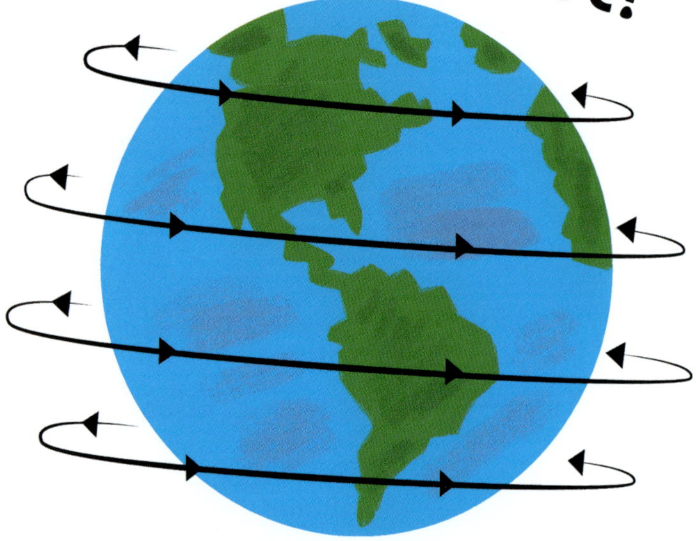

Megastarke Langstreckenwinde namens **Jetstream** toben in etwa zehn Kilometern Höhe rund um den Globus.

Die Inuit aus der Arktis bauen **Iglus** – Schutzhütten aus Schneeblöcken. Drinnen ist es erstaunlich gemütlich!

Angeblich sind keine zwei **Schneeflocken** genau gleich.

Nebel ist nichts weiter als Wolken tief unten. Die Neufundlandbank vor der Nordostküste Kanadas hat etwa 206 Nebeltage im Jahr.

Während du das hier liest, wüten auf der Erde ungefähr 2.000 **Gewitter**.

Die Drehung der Erde lenkt **Winde**, die von den Polen zum Äquator wehen, zur Seite ab.

Wenn Abgase von Autos und Fabriken mit dem Sonnenlicht reagieren, füllt grässlich-giftiger **Smog** die Luft.

Das Fell von **Polarfuchs** und **Polarhase** wird im Winter weiß, damit die Tiere im Schnee gut getarnt sind.

Früher glaubten die Menschen, dass **Götter und Göttinnen** für das Wetter sorgten. Inti war der Inka-Gott der Sonne. Thor war der altnordische Donnergott.

Die dünnen, aber stabilen Blätter der Tannen – die **Nadeln** – bleiben den Winter über am Baum. So kann er das ganze Jahr Sonnenlicht einfangen. Die Nadeln speichern Wasser und überleben sogar heftige Winterstürme.

Wie entstehen Schneeflocken?

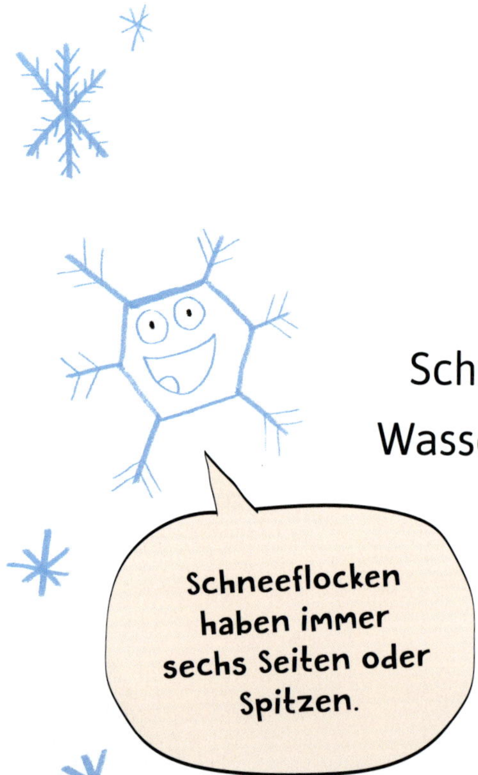

Schneeflocken formen sich, wenn in den Wolken Wassertröpfchen an winzigen Staubteilen gefrieren. Um diese Eiskristalle herum entstehen bald faszinierende sternförmige Gebilde, die schließlich als fluffige Flocken sanft zur Erde herabschweben.

Warum liegt Schnee auf den Berggipfeln?

Sogar in heißen Ländern sind Berggipfel meist von Schnee bedeckt. Je höher man klettert, umso mehr dehnt sich die Luft aus und wird kälter. Außerdem wird sie feuchter – genau richtig für Schnee!

Wo malt Frost Blumen?

Auf kalten Flächen, etwa Fenstern, Eis und Steinen. Die Eiskristalle verbinden sich zu wunderschönen Mustern, die an Blumen oder Farnwedel erinnern.

Kann das Meer zufrieren?

Ja, aber weil das Meer salzig ist, muss es dafür kälter sein. Bei –2 °C wird es zu Eis. Flüsse und Seen voller Süßwasser gefrieren schon bei 0 °C.

Wie viele?

332

So viele Tage hat es einmal auf der hawaiianischen Insel Oahu geregnet – am Stück!

4.000

So viele Stunden scheint die Sonne jedes Jahr in Yuma (Arizona, USA), dem wahrscheinlich sonnigsten Ort der Welt!

Der größte tropische Wirbelsturm aller Zeiten tobte 1979. Es war der **2.220** Kilometer breite Taifun Tip.

5 Jahre!

So lange kann ein Wasserreservoirfrosch während einer Dürre ohne Wasser auskommen!

11,5 Meter: So viel Schnee fiel in Tamarack (Kalifornien, USA) im Jahre 1911 an einem einzigen Tag!

321

So viele Kilometer weit zuckte im Jahr 2007 ein einziger Blitz am Himmel über Oklahoma (USA).

207

So viele Tornados wirbelten an nur einem Tag im Jahre 2011 über den USA.

8 Stunden **58** Minuten: So lange schimmerte in Taiwan 2017 ein Regenbogen.

1

Kilogramm. So schwer waren riesige Hagelkörner 1986 in Bangladesh.

–89,2° Celsius.
So kalt war die tiefste Temperatur, gemessen im Juli 1983 an der Wostok-Station in der Antarktis.

Wie messen wir das Wetter?

Es sind viele clevere Geräte erfunden worden, um alle möglichen Wetterdaten zu messen. Heute werden die Zahlen fast immer digital angezeigt und gespeichert.

Anemometer messen die Windgeschwindigkeit. Man findet sie auf hohen Gebäuden, Brücken und Schiffen.

Niederschlagsmesser sammeln und messen Regen, der in einen Behälter tropft.

Thermometer zeigen an, wie kalt oder heiß es ist. Früher hatte man Glasröhrchen mit einer Säule aus flüssigem Quecksilber, die steigen oder fallen konnte. Heute benutzen Forscher meist elektrische Widerstandsthermometer.

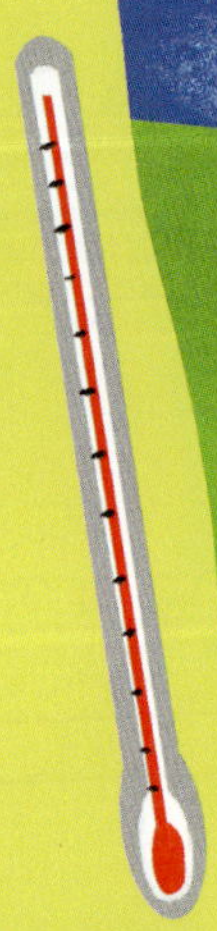

Barometer messen die Änderung des Luftdrucks. Sie können ganz unterschiedlich aussehen.

Satelliten sammeln Wetterdaten im Weltraum, Bojen und Schiffe tun das auf dem Meer und Flugzeuge in der Luft.

Wetterballone tragen ihre Instrumente weit nach oben, um die Atmosphäre zu untersuchen.

Kann sich das Klima ändern?

Das Klima hat sich über Jahrmillionen immer wieder verändert. In den Eiszeiten zum Beispiel schoben sich Eis und Schnee von den Polen aus über große Teile der Erde.

Wollhaarmammut

Was passiert heute?

Das Klima verändert sich momentan sehr schnell, weil wir Wälder abholzen sowie Öl, Gas und Kohle verbrennen. Dadurch füllt sich die Atmosphäre mit Gasen, die den Planeten aufheizen.

Wie verändert der Klimawandel das Wetter?

Tropische Wirbelstürme werden häufiger. Es kommt zu Überschwemmungen, aber auch zu Dürren. Das Polareis schmilzt und der Meeresspiegel steigt. Wüsten breiten sich aus.

Wie kann uns das Wetter helfen?

Wind, Sonnenlicht, Wellen, Gezeiten und Flussströmungen können uns saubere Energie liefern, die niemals zu Ende geht. Lasst uns den Planeten retten – wir haben keinen anderen!

Fragen über Fragen

Warum ist Regen manchmal rot?

Warum bekommen Hurrikane Namen?

Damit man sich leichter an sie erinnert. Bekannte Wirbelstürme hießen Katrina, Maria, Mitch und David.

Wo gibt es ein Fest extra für Schnee?

Das Schneefestival findet jedes Jahr in Sapporo (Japan) statt. Aus Eis und Schnee bauen Menschen wunderschöne Skulpturen.

Warum lieben Krokodile Wirbelstürme?

In den Fluten eines Hurrikans können Krokodile an ganz neue Orte gelangen. Menschen erspähen die Reptilien dann oft an unerwarteten Plätzen.

Warum baut man Stelzenhäuser?

Selbst wenn in der Regenzeit alles überschwemmt ist, bleiben die Menschen in Assam (Indien) in ihren Stelzenhäusern trocken.

Wo gibt es die schlimmsten Überschwemmungen?

In Indien, Bangladesh und China. Das liegt an heftigen Regenfällen, schmelzendem Schnee, großen Flüssen und Tropenstürmen.

Kann es Frösche oder Fische regnen?

Ja! Windhosen saugen Wasser in die Höhe und damit manchmal auch kleine Tiere, die dann andernorts mit dem Regen wieder herunterfallen.

Wie bleiben Wüstentiere cool?

Viele Tiere vergraben sich unter der Erde und kommen nur in der kühleren Nacht heraus. Der Wüstenfuchs verliert Hitze über seine langen, großen Ohren.

Wo nutzt man Flüsse als Straßen?

In Sibirien (Russland) ist es im Winter so kalt, dass selbst schwere Laster auf den zugefrorenen Flüssen fahren können. Milch verkauft man in festen Platten.

Was tust du, um der Erde zu helfen?
Möchtest du lieber Ruderboot fahren oder im Meer tauchen?
Würdest du eher mit einem Tiger oder einer Schildkröte plaudern?

RETTET DIE ERDE

Warum ist die Erde in Gefahr?

Unser schöner Planet ist gefährdet, weil wir Menschen viel zu wenig auf ihn achtgeben. Dabei ist er doch unser Zuhause – und natürlich auch die Heimat der Pflanzen und Tiere.

Wie viele Menschen leben auf der Erde?

Mehr als 7,8 Milliarden, das sind über 7.800.000.000 Menschen! Jeder und jede von uns ist wichtig. Lasst uns gemeinsam anpacken und die Erde retten!

Was ist Luft?

Die Luft besteht aus verschiedenen Gasen. Sie umgibt die gesamte Erde wie eine Kuscheldecke. Diese Schicht nennt man Atmosphäre.

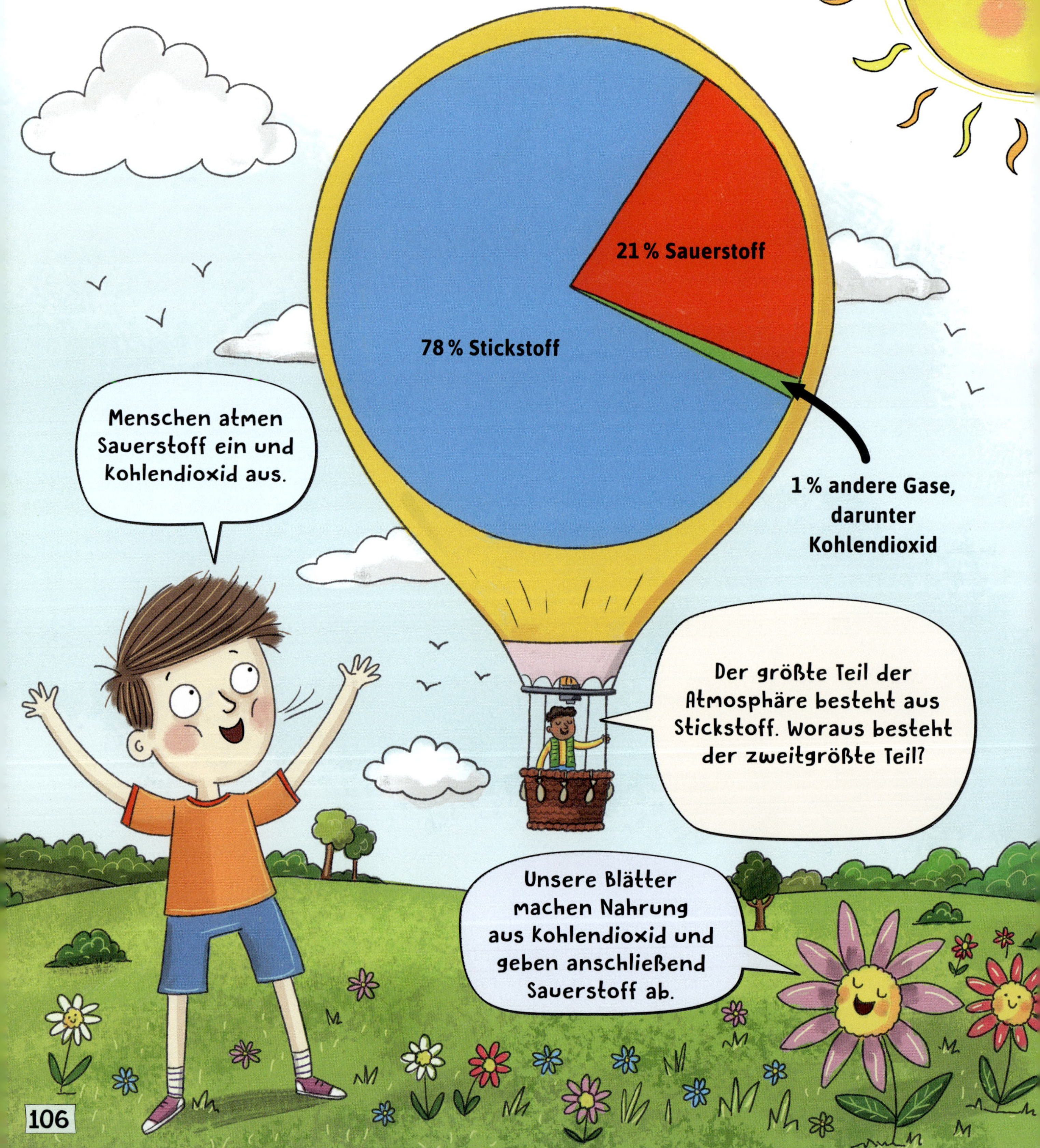

Wozu braucht die Erde eine Decke?

Eine Art Decke aus Luft hält unseren Planeten immer auf der genau richtigen Temperatur!

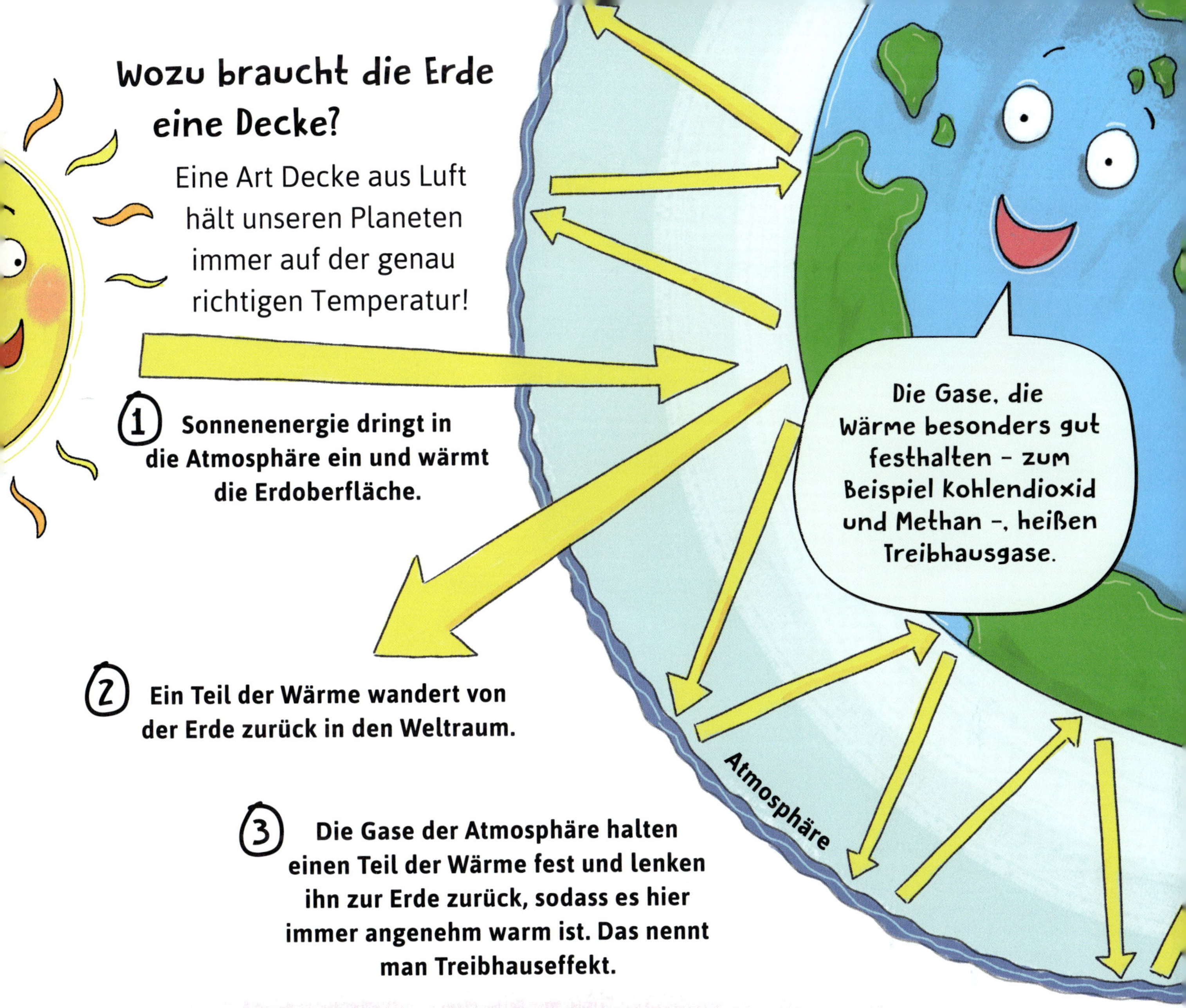

1 **Sonnenenergie dringt in die Atmosphäre ein und wärmt die Erdoberfläche.**

2 **Ein Teil der Wärme wandert von der Erde zurück in den Weltraum.**

3 **Die Gase der Atmosphäre halten einen Teil der Wärme fest und lenken ihn zur Erde zurück, sodass es hier immer angenehm warm ist. Das nennt man Treibhauseffekt.**

Wird die Erde immer heißer?

Ja! Die Menschen produzieren immer mehr Treibhausgase. Also wird mehr Wärme festgehalten und die Erde wird heißer. Man spricht von Klimaerwärmung. Auch das Wetter ändert sich, das nennt man Klimawandel.

Schon gewusst?

Kohlendioxid

Pflanzen sind richtige Kohlendioxid-Staubsauger, dafür pumpen sie Sauerstoff in die Luft. Deswegen brauchen wir unbedingt Wälder, Felder und Parks.

Sauerstoff

Ohne Atmosphäre hätten wir keine Luft zum Atmen. Außerdem wäre es auf der Erde durchschnittlich frostige –6 ° kalt!

Auf der Erde leben mehr als eine Milliarde Kühe, fast alle auf Bauernhöfen. Beim Pupsen und Rülpsen stoßen sie Treibhausgase aus.

Mit der Erde haben wir ein Riesenglück. Ihre Entfernung von der Sonne ist nämlich ganz genau richtig!

Pflanze einen Baum und hilf damit der Atmosphäre. Manche Bäume sind über 5.000 Jahre alt.

Wissenschaftler erforschen, wie warm es in den letzten 100 Jahren war. Die fünf heißesten Jahre liegen alle in der Zeit seit 2010.

Aus Bäumen kann man alles Mögliche herstellen: Seife, Shampoo, Gummihandschuhe, Schokolade, Papier, Kleidung und Medikamente. Wer Bäume fällt, muss aber auch neue pflanzen!

Pflanzen sind tolle Geschenke für alle, die die Erde lieben!

Wenn sich alle Autos hintereinander stellten, würde der Stau 40-mal um die Erde reichen! Wegen der schmutzigen Abgase solltest du das Auto zu Hause lassen, so oft es geht!

Mit der Bahn reist man umweltfreundlicher als mit dem Flugzeug, weil Züge bis zu sechsmal weniger Abgase ausstoßen.

Wir holen zu viele Fische aus dem Meer. Kein Wunder: Manche Netze sind über 60 Meter breit und können Zehntausende Fische auf einmal erwischen.

Was ist schmutzige Energie?

Verbrennt man Öl, Gas, Holz oder Kohle, kann man Strom für Häuser und Fahrzeuge gewinnen. Dabei entstehen jedoch jede Menge Treibhausgase und die Umwelt wird verschmutzt.

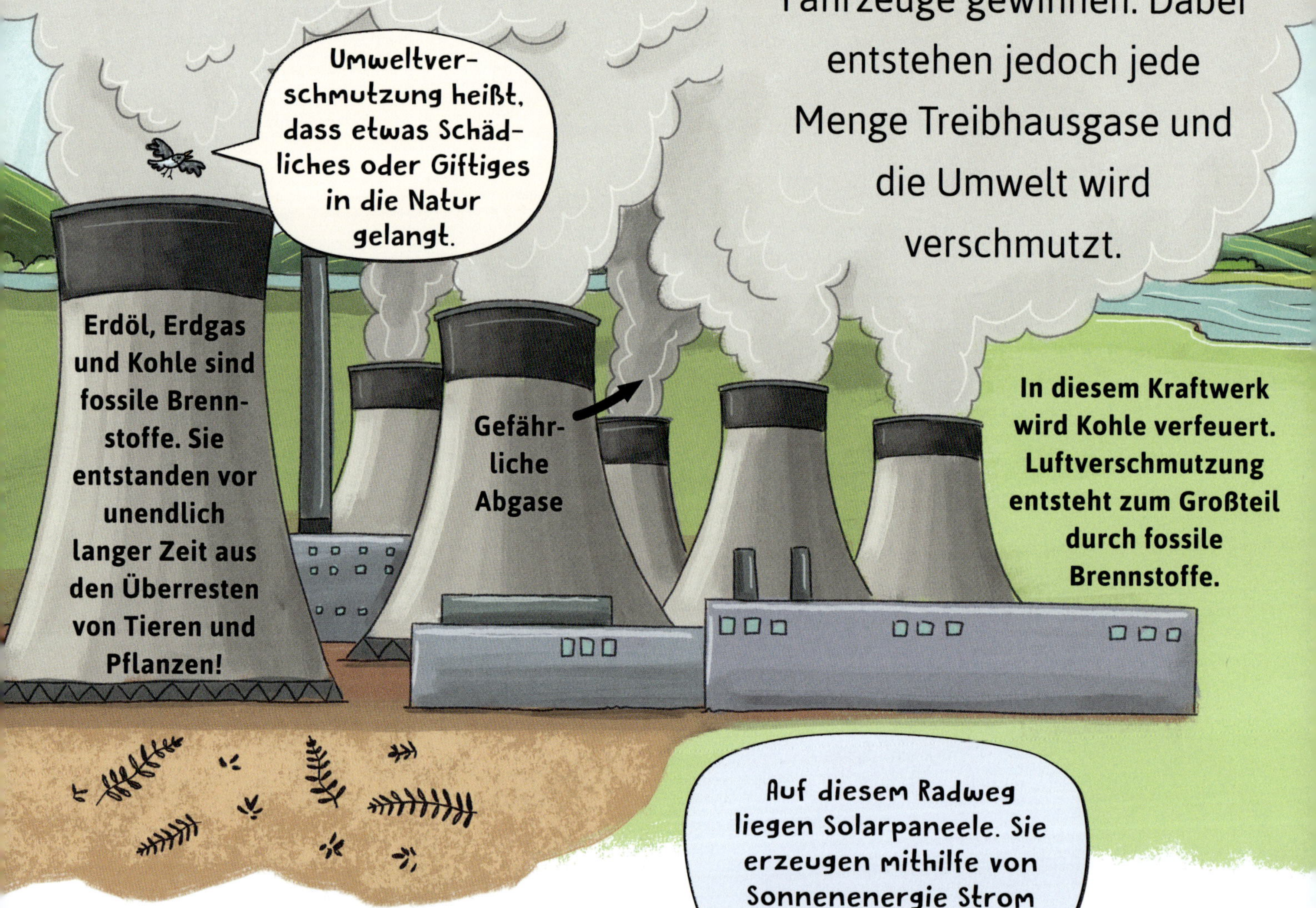

Wie retten Fahrräder den Planeten?

Mit dem Rad, dem Skateboard oder zu Fuß bist du sauber unterwegs. Für einen Kilometer brauchst du auf dem Rad ungefähr drei Minuten, auf dem Skateboard etwa sechs und zu Fuß rund zehn Minuten.

Was ist saubere Energie?

Strom muss nicht aus schmutzigen fossilen Brennstoffen erzeugt werden. Zum Glück gibt es auch saubere, grüne Energiequellen!

Windkraftanlagen machen aus Wind Strom.

Die Kraft von fließendem Wasser wird in Strom umgewandelt.

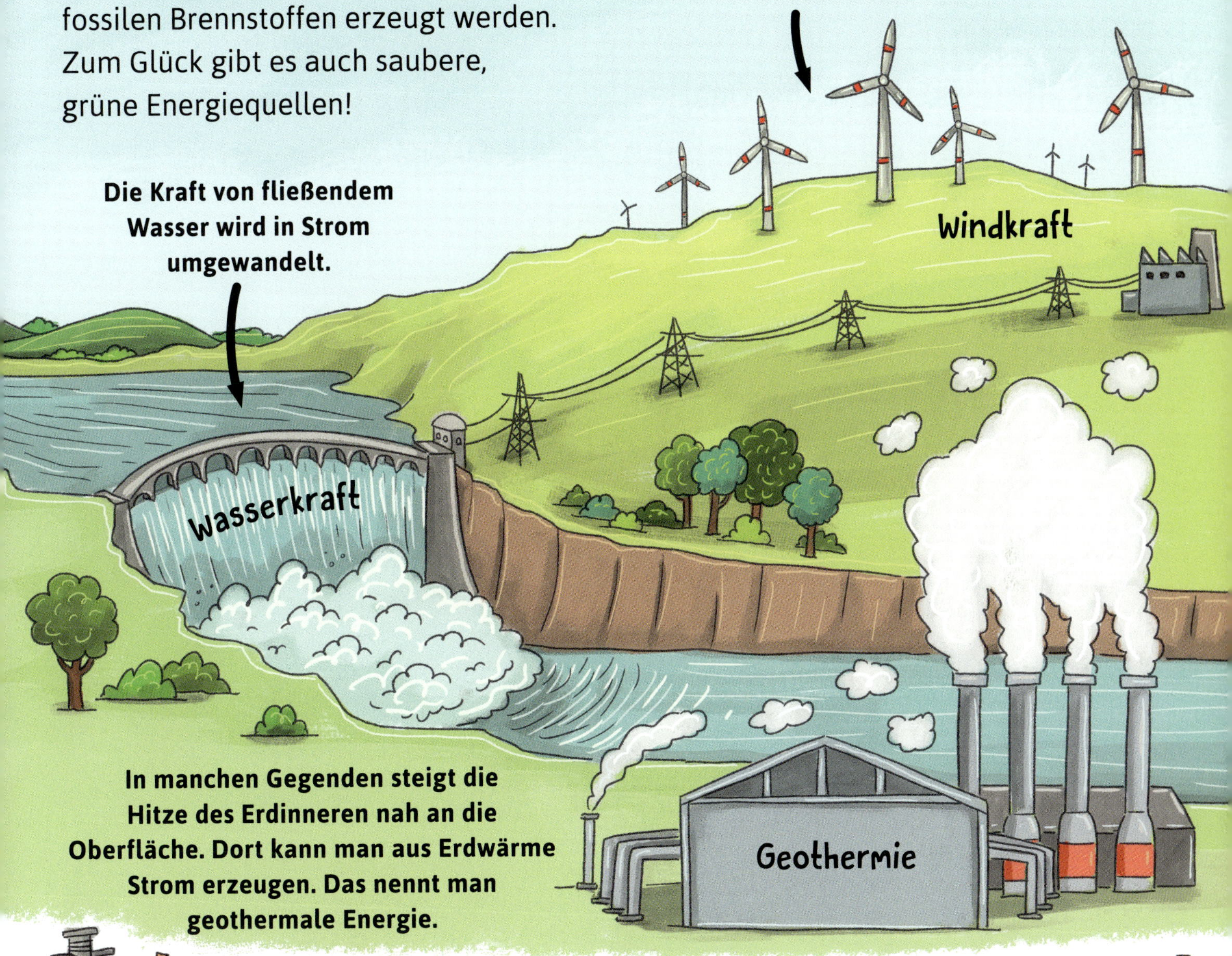

In manchen Gegenden steigt die Hitze des Erdinneren nah an die Oberfläche. Dort kann man aus Erdwärme Strom erzeugen. Das nennt man geothermale Energie.

Wie kann ich Energie sparen?

Energie zu sparen ist das Grünste, was du tun kannst, zum Beispiel:

Kleidung auf der Leine trocknen, nicht im Wäschetrockner.

Dich wärmer anziehen, anstatt die Heizung aufzudrehen.

Licht aus, wenn du das Zimmer verlässt. Ladegeräte nach Gebrauch ausstecken.

Wie kannst du zu Hause und in der Schule noch Energie sparen?

Wieso nehmen Quallen zu?

Quallen lieben es warm und da die Meere wärmer werden, vermehren sich auch die Quallen. Wenn es richtig viele werden, nennt man das eine Quallenblüte. Für die Fische ist das nicht so gut, weil die Quallen sie auffressen!

Korallenriffe gedeihen in sauberem, warmem Wasser. Ist das Wasser zu heiß oder verschmutzt, sterben die Korallen und das Riff wird weiß.

Wovon sind die Meere verschmutzt?

Unsere Meere waren noch nie so dreckig, weil noch nie so viel Plastikmüll im Wasser schwamm. Er zerfällt mit der Zeit in kleine Teile und wird von den Tieren gefressen.

Wie kann ich den Schildkröten helfen?

Plastiktüten, die im Ozean treiben, sehen fast aus wie Quallen. Da diese das Lieblingsessen von Schildkröten sind, fressen sie besonders häufig Plastik – und sterben daran.

Wie viele?

Mehr als **80** Länder produzieren schon Strom aus Windkraft.

In Japan essen die Menschen mit Essstäbchen, das macht pro Jahr **90.000** Tonnen Holzabfälle! Fällt dir etwas Lustiges ein, wie man die Stäbchen stattdessen recyceln könnte?

1

So viele Dosen muss man recyceln, um den Strom von **4** Stunden Fernsehen zu sparen.

Im Erdinneren gibt es so viel Wärme, dass wir alle für **1.000.000** Jahre genug Strom hätten!

Benutze nur moderne Energiesparleuchten oder LEDs. Sie halten bis zu **15**-mal länger und man kann sie recyceln.

640

So viele Liter Wasser versprüht ein Gartensprenger in der Stunde. Benutze lieber eine Gießkanne!

85 % des weltweiten Energieverbrauchs kommt immer noch aus fossilen Quellen. Viele bemühen sich, das zu ändern. Du auch?

100 So viele Bäume könnt ihr retten, wenn die ganze Klasse ein Jahr lang Papier recycelt.

Die Herstellung einer Batterie kostet **50**-mal mehr Energie, als in der Batterie drin steckt! Benutze daher immer Akkus zum Aufladen.

Der Große Pazifische Mülltepich, ein auf dem Ozean treibender Müllhaufen, bedeckt **1,6 Millionen** Quadratkilometer des nördlichen Pazifik!

10 So viele Liter sauberes Wasser rauschen pro Spülung durchs Klo.

Nur **3 %** des Wassers auf der Erde ist Süßwasser und das meiste davon ist gefroren. Daher müssen wir Wasser sparen, wann immer es geht.

Wohin geht das Pippi?

Das Schmutzwasser aus unseren Häusern verschwindet in einem Netz von unterirdischen Rohren. Das ist die Kanalisation.

Warum ist duschen am besten?

Für ein Bad braucht man etwa 80 Liter Wasser, für einmal duschen nur rund 40 Liter.

Wasser zu reinigen kostet eine Menge Energie. Mach also lieber den Wasserhahn aus, während du dich einseifst. Wie kannst du noch Wasser sparen?

In der Kanalisation fließt das Abwasser zu dem Ort, wo es gereinigt wird. Danach kann man es wiederverwenden.

Auch Regenwasser fließt über die Kanalisation ab. Ist sie zu voll, läuft das Wasser in einen Fluss oder das Meer.

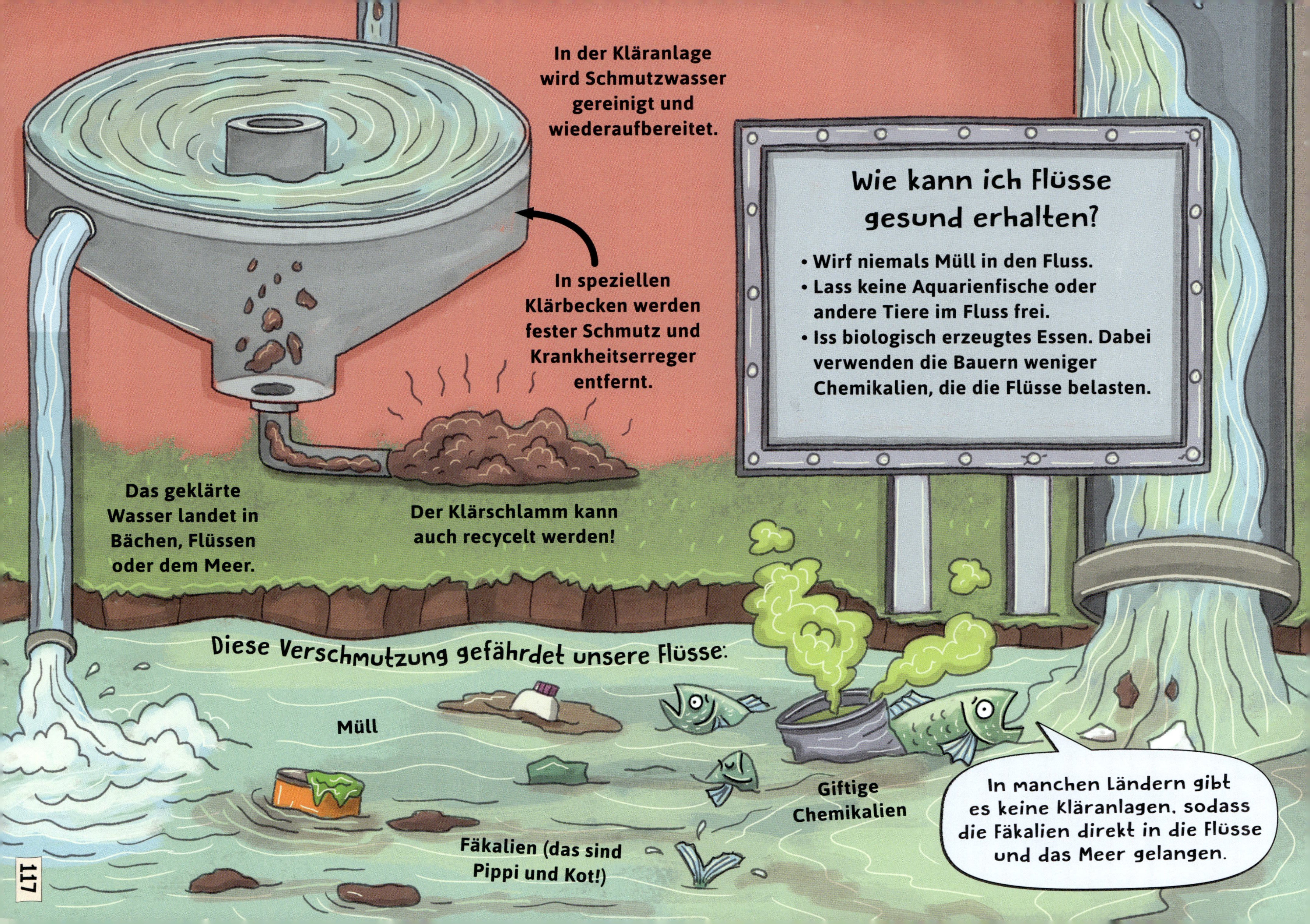
In der Kläranlage wird Schmutzwasser gereinigt und wiederaufbereitet.
In speziellen Klärbecken werden fester Schmutz und Krankheitserreger entfernt.
Das geklärte Wasser landet in Bächen, Flüssen oder dem Meer.
Der Klärschlamm kann auch recycelt werden!
Wie kann ich Flüsse gesund erhalten?
• Wirf niemals Müll in den Fluss.
• Lass keine Aquarienfische oder andere Tiere im Fluss frei.
• Iss biologisch erzeugtes Essen. Dabei verwenden die Bauern weniger Chemikalien, die die Flüsse belasten.
Diese Verschmutzung gefährdet unsere Flüsse:
Müll
Fäkalien (das sind Pippi und Kot!)
Giftige Chemikalien
In manchen Ländern gibt es keine Kläranlagen, sodass die Fäkalien direkt in die Flüsse und das Meer gelangen.

Woher kommt die Banane?

Nahrung wird nicht immer dort gegessen, wo sie geerntet wurde. Diese Entfernung nennt man Nahrungskilometer.

Wie macht man aus Nahrungsabfall Energie?

Essensabfälle geben beim Verrotten das Gas Methan ab. Damit kann man kochen oder heizen. Man kann aus Pflanzenresten sogar Benzin herstellen.

Lieber so oder so?

Würdest du lieber mit deinem Hund **baden**, um Wasser zu sparen, oder extra kurz **duschen**?

Um dein Spielzeug zu recyceln, würdest du es lieber **spenden** oder mit Freunden **tauschen**?

Wenn dir kalt ist, wärmst du dich dann lieber beim **Rennen** auf oder mit einem dicken **Pulli**?

Möchtest du ein Ringelwurm sein, der **verrottete Küchenabfälle** mümmelt, oder ein Mistkäfer mit dem Lieblingsfutter **Elefantenmist**?

Bastelst du lieber eine **Rakete** aus Getränkedosen oder ein Plastikflaschen-**U-Boot**?

Angenommen, du arbeitest im Safaripark: Würdest du anderen etwas über die Natur **beibringen** oder Krokodilszähne **untersuchen**?

Um Nahrungskilometer zu sparen, würdest du lieber **Fische** angeln, **Hühner** halten oder **Tomaten** anbauen?

Wofür möchtest du dich lieber einsetzen – den **Regenwald am Amazonas** oder den eisigen **Nordpol**?

Wie heißt das Zuhause der Tiere?

Der Ort, an dem ein Tier lebt, ist sein Lebensraum oder Habitat. Wälder, Grasland, Flüsse und Wüsten sind verschiedene Lebensräume. Werden sie zerstört, verlieren die Tiere ihr Zuhause und können sogar im schlimmsten Fall aussterben.

Umweltschutzorganisationen wollen Lebensräume erhalten. Sammle Spenden, um mitzuhelfen. Kaufe nur Produkte, für die keine Lebensräume zerstört werden.

Warum sind Regenwälder so wichtig?

Im Regenwald leben unzählige Tiere und Pflanzen. Wird er zerstört, um Platz für Farmen zu schaffen, setzen die Bäume Kohlendioxid frei. So wird der Klimawandel immer schlimmer.

Warum sterben Tiere aus?

Wenn Tiere oder Pflanzen aussterben, lebt kein einziges Exemplar dieser Art mehr auf der Erde. Dafür gibt es viele Gründe, doch heute sind es meist wir Menschen, die mit ihrem Verhalten viele Tiere gefährden.

Ene, mene …
Beluga-Störe sind gefährdet, denn sie werden wegen ihrer wertvollen Eier gefangen.

… meck …
Manche Menschen töten Rhinozerosse, um an die Hörner zu gelangen.

… und du bist weg!
Goldkröten sind vermutlich wegen der Klimaerwärmung ausgestorben.

Wohin geht der Müll?

Wir sortieren unseren Müll in verschiedene Tonnen. Teile davon werden recycelt. Vieles landet aber auf Deponien oder wird verbrannt und das schadet der Umwelt. Besser, wir produzieren also erst gar keinen Abfall.

Was stinkt da so?

Eine Mülldeponie ist ein riesiges Gelände, auf dem man Restmüll sammelt. Beim Verrotten gibt dieser Methan ab. Es ist als Treibhausgas noch schädlicher als Kohlendioxid.

Wie wird Müll wieder grün?

Freshkills (USA) war mal die größte Mülldeponie der Welt. Heute ist es ein Park und Zuhause für mehr als 200 verschiedene Tierarten.

Wann ist Müll ein heißes Eisen?

Dieser Müll ist heiß – brandheiß! Er wird in einem Riesenofen verbrannt, damit die Mülldeponien nicht weiter wachsen. Doch beim Verbrennen entstehen jede Menge schmutziger Abgase.

Wie vermeide ich Müll?

Wenn du deinen gesamten Abfall recycelst oder wiederverwertest, dann produzierst du null Müll! Auf der nächsten Seite erfährst du, wie Recycling und Wiederverwertung dazu führen, dass weniger Restmüll entsteht.

Was kann ich tun?

Du kannst reduzieren, wiederverwerten und recyceln. Das spart Rohstoffe und Energie. So wird die Umwelt geschont.

Kann man Kot recyceln?

Aber klar!

Aus dem Mist von Elefanten, Nashörnern und Kängurus kann man Papier herstellen.

Menschen verbrennen Lamamist zum Heizen und Kochen.

Der Klärschlamm, der in der Kläranlage anfällt, ist ein prima Dünger. Auf den Feldern bringt er Pflanzen zum Gedeihen.

Wie reduzieren wir Müll?

Wie retten wir die Erde?

Auf der ganzen Welt bemühen sich Menschen, unsere Erde zu retten. Ob zu Hause, im Kindergarten oder der Schule, bei der Arbeit oder auf den Bauernhöfen, es ist wirklich jede und jeder gefragt!

Was ist Umweltschutz?

Umweltschutz ist alles, was Menschen tun, um die wilde Natur zu bewahren.

Was ist ein Solarpark?

Im Solarpark gibt es jede Menge Solarpaneele. Sie sammeln Sonnenlicht und machen daraus elektrischen Strom.

Fragen über Fragen

Wie kann ich Plastik sparen?

Überlege, ob du etwas in Plastikverpackungen wirklich brauchst. Flüssigseife zum Beispiel steckt in Plastikflaschen, aber ein Stück Seife in Papier!

Wie viele wilde Tiger gibt es?

Es gibt nur noch etwa 3.900 wild lebende Tiger. In letzter Zeit ist ihre Zahl stabil, doch sie brauchen immer noch unseren Schutz, um zu überleben.

Wie füttert man Vögel richtig?

Am besten sind viele Blumen im Garten, die Insekten anlocken und deren Samen die Vögel im Winter futtern können. Du kannst aber auch Vogelfutter kaufen und ein Futterhaus nach draußen hängen.

Wie geht Umweltschutz unterwegs?

Pflanzen und Tiere zu beobachten ist prima, Blumen zu pflücken und Tiere aufzuschrecken dagegen weniger. Deinen Müll nimmst du natürlich mit nach Hause.

Wohin mit meinen Altkleidern?

Kleidung kann man recyceln, zum Beispiel als Putzlappen. Gut erhaltene Klamotten kannst du verkaufen, tauschen oder spenden.

Kann ich Geschenke auch selbst machen?

Wenn du Geschenke selbst machst, kannst du vieles wiederverwerten und recyceln. Aus alten Grußkarten kannst du zum Beispiel Lesezeichen und Anhänger basteln.

Was ist ein Tauschtisch?

Anstatt Dinge wegzuwerfen, kannst du sie auch mit anderen tauschen! Lade deine Freunde zu einer Tauschparty ein. Jeder und jede bringt Spielzeug oder Bücher mit, die er oder sie nicht mehr braucht. Und dann wird fröhlich getauscht!

Welches Geschenk schenkt sich selbst?

Eine Pflanze! Ziehe Tomaten- oder Bohnenpflanzen aus Samen und verschenke sie.

Was ist ein ökologischer Fußabdruck?

Damit misst man, wie viel Kohlendioxid durch das Leben einer einzigen Person entsteht. Je kleiner dein ökologischer Fußabdruck, umso weniger Chancen hat der Klimawandel.

Wie baue ich ein Heim für Tiere?

Stapele draußen an einem schattigen Plätzchen Äste, Zweige und Blätter auf. Bald werden dort viele Insekten und kleine Säugetiere einziehen.

Wenn du Wissenschaftler*in sein könntest – welche Art wärst du dann?
Magst du lieber schwimmen oder rennen?
Wärst du als Tier eher ein Fleisch- oder ein Pflanzenfresser?

WISSENSCHAFT

Wie findet man Dinge heraus?

Aus wissenschaftlichen Beobachtungen und Experimenten wissen wir eine Menge über die Welt. Du könntest selbst Wissenschaftler werden! Du musst bloß ...

1 Ein Problem entdecken

Halte Augen und Ohren offen. Stelle Fragen und finde ungelöste Probleme.

2 Eine Idee haben

Finde etwas, um dein Problem zu erklären oder zu lösen. Schon hast du eine Theorie.

3 Ein Experiment durchführen

Um deine Idee zu überprüfen, musst du experimentieren, also ausprobieren, ob deine Idee funktioniert.

4 Alles überprüfen

Lagst du mit deiner Theorie richtig? Wenn nein, brauchst du eine neue – und ein neues Experiment.

Wofür brauchen wir Wissenschaftler?

Ihre Arbeit kann unser Leben verbessern. Eine Entdeckung wirft immer neue Fragen und neue Experimente auf. So entwickelt sich die Wissenschaft weiter.

Müssen Pflanzen essen?

Ja, aber nicht so wie Tiere. Sie stellen mithilfe des Sonnenlichts in den Blättern ihre eigene Nahrung her.

Wozu sind Wurzeln gut?

Die Wurzeln halten Pflanzen im Boden fest, damit sie nicht umkippen oder wegwehen. Über die Wurzeln nehmen Pflanzen aus dem Boden Wasser und Nährstoffe auf. Sie dienen auch als Speicher.

Wie entstehen neue Pflanzen?

Die meisten Gewächse bilden Samen, um sich fortzupflanzen – also um Baby-Pflanzen zu bekommen.

Die Samen fallen zu Boden, wehen mit dem Wind davon oder werden von Tieren fortgetragen.

Einige Pflanzen haben ihre Samen in den Früchten. Sie werden von Tieren gefressen und kommen später an deren hinterem Ende wieder heraus. Nun können sie wachsen!

Manche Pflanzen vermehren sich mithilfe von dünnen Trieben, den Ausläufern. Die neue Pflanze bekommt Wurzeln und der Ausläufer verschwindet.

Wie viele?

320

So viele Tage wäre man mit 50 km/h zum Mond unterwegs – ohne Pausen!

60–70

So viel Prozent Wasser enthält dein Körper.

300.000.000

Die Geschwindigkeit des Lichts (in Metern pro Sekunde)

3 %

So viel größer ist ein Astronaut im Weltraum, weil die Schwerkraft ihn nicht runterzieht.

50 %

Dieser Anteil der Zellen in deinem Körper gehört zu Bakterien und anderen Mini-Lebewesen.

Ein Fallschirmspringer kann bis zu **195** Stundenkilometer schnell werden.

1.000.000.000.000.000.000.000.000

Ungefähr so viele Sterne gibt es im bekannten Universum.

80.000

So alt (in Jahren) ist die älteste Baumgruppe, deren Bäume alle an derselben Wurzel hängen.

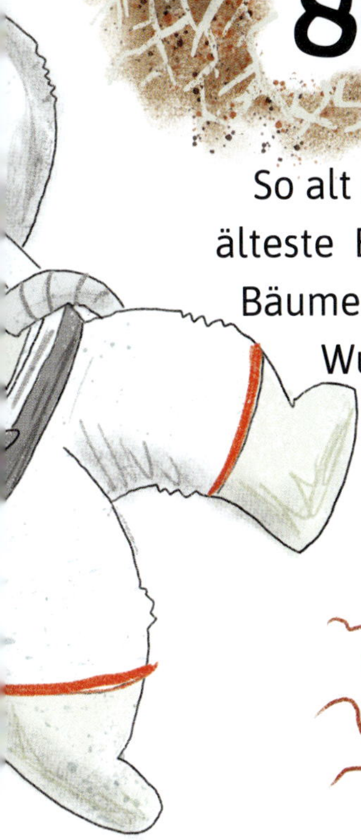

Unsere Augen können **10 Millionen** Farben unterscheiden.

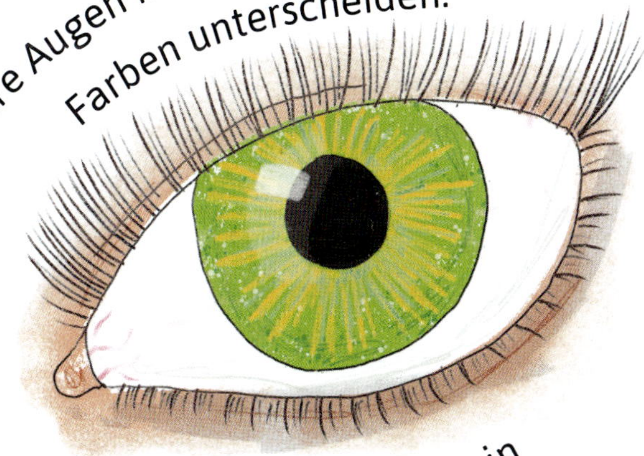

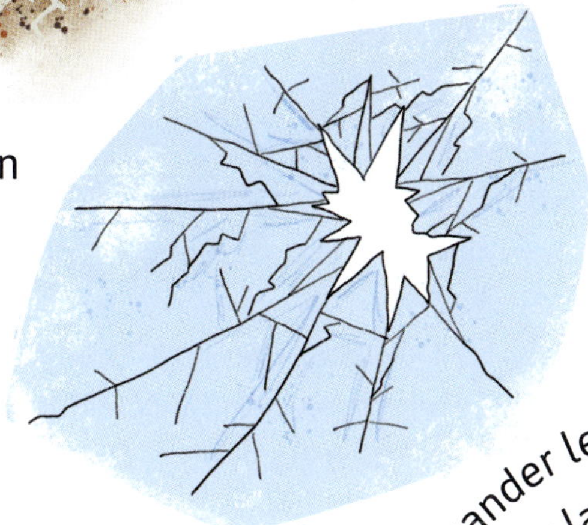

Die Risse in brechendem Glas breiten sich mit **4.830** km/h aus.

Wenn man alle deine Blutgefäße hintereinander legen würde, wäre die Schlange **96.500** Kilometer lang.

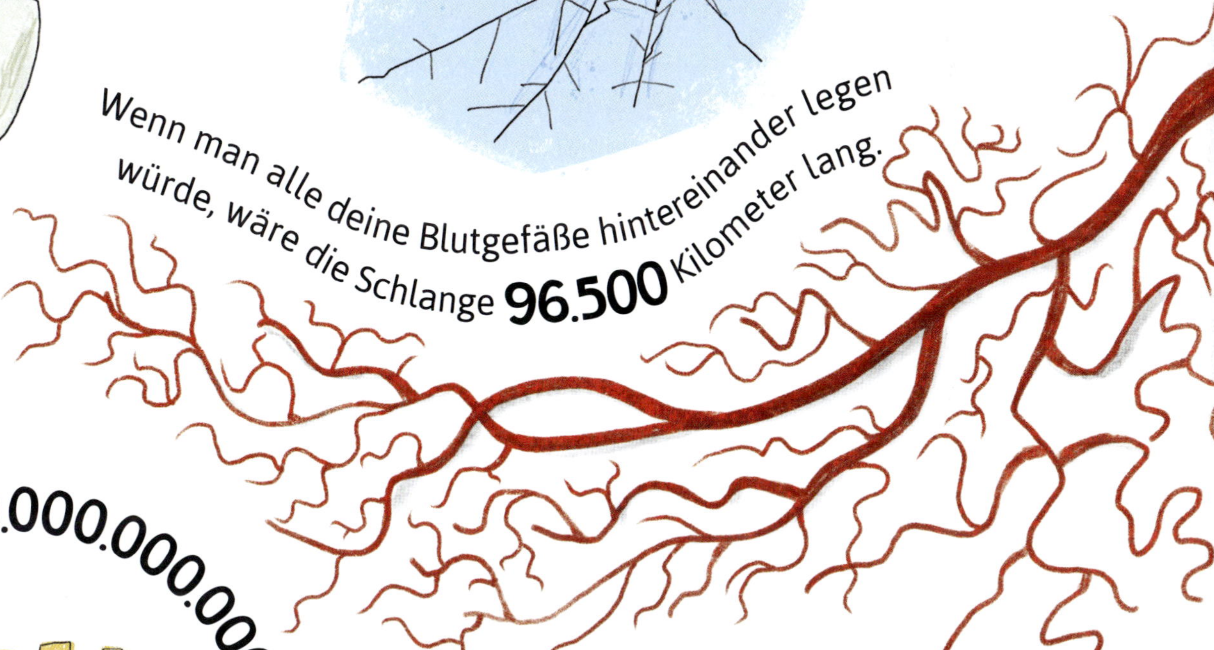

1.500.000.000.000.000.000

So viele Sandkörner gibt es ungefähr auf der Erde.

340

Die Geschwindigkeit des Schalls (in Meter pro Sekunde) – ein Donner in einem Kilometer Entfernung erreicht dich drei Sekunden später.

Was hört man im Weltall?

Nichts, im Weltall ist es ganz still! Schall bedeutet, dass etwas schwingt. Da der Weltraum leer ist, kann der Schall sich auch nicht in etwas ausbreiten.

Warum klingen Geräusche unter Wasser anders?

Die Schallwellen bewegen sich ja nicht mehr durch die Luft, sondern durch Wasser. Daher klingt alles etwas anders. Im Wasser können wir höhere Töne hören als an Land.

Hören wir alle das Gleiche?

Nein. Kinder können höhere und tiefere Töne hören als Erwachsene. Du nimmst vielleicht das Fiepen von Fledermäusen und das schrille Geräusch einer Hundepfeife wahr, von dem die Großen gar nichts mitkriegen.

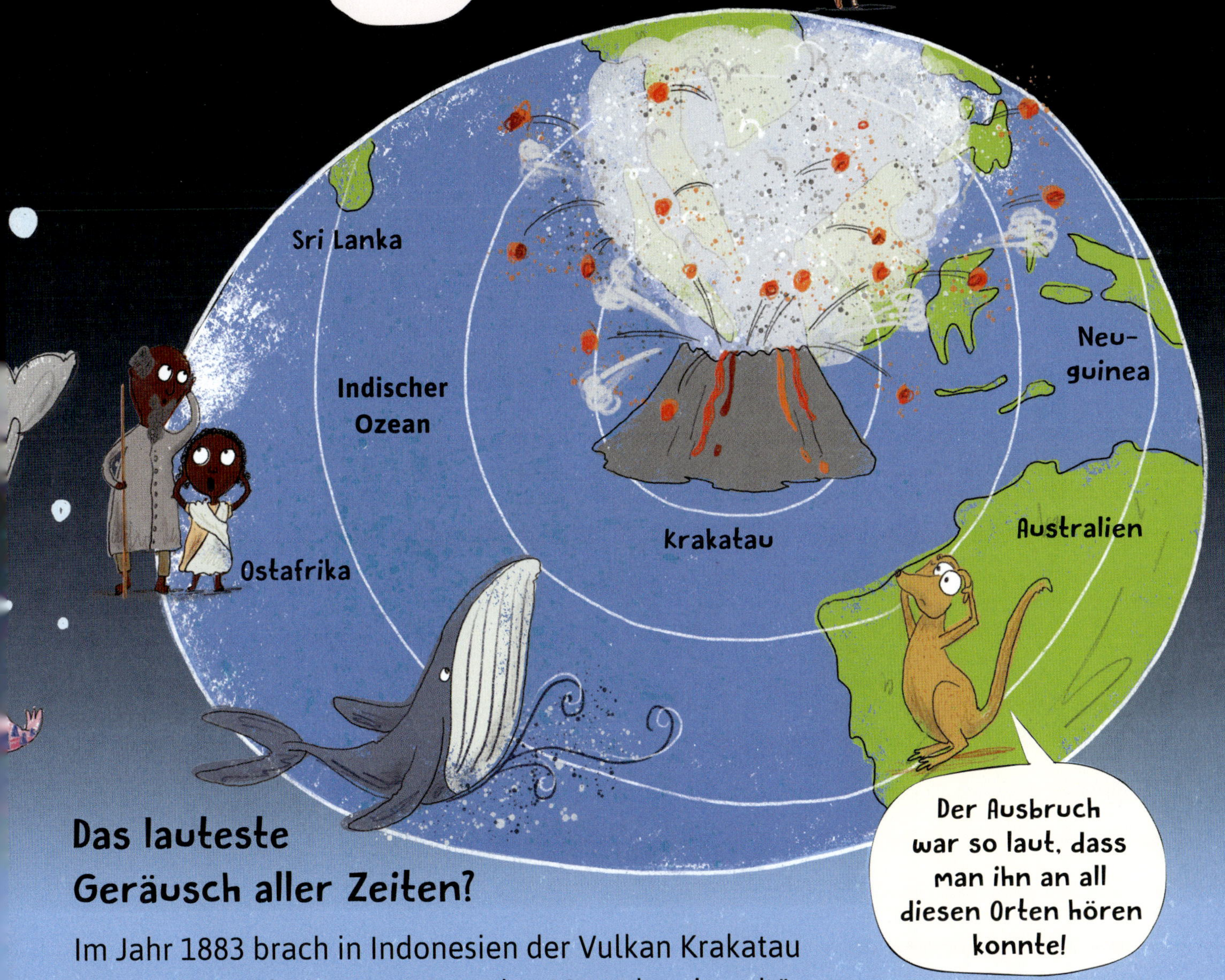

Das lauteste Geräusch aller Zeiten?

Im Jahr 1883 brach in Indonesien der Vulkan Krakatau aus – mit dem lautesten Rums, den Menschen je gehört hatten. Es rumpelte noch in 5.000 Kilometern Entfernung.

Wie kommt der Strom in unser Haus?

Elektrizität oder Strom ist eine Art Energie. Sie wird in Kraftwerken erzeugt und über ein Netz von Kabeln zu Steckdosen und Lichtschaltern transportiert – auch in dein Zuhause.

Wie wird Strom erzeugt?

Wir erhalten Strom, wenn wir andere Formen von Energie – etwa Sonnenlicht, Wind, fließendes Wasser – in Strom umwandeln. Außerdem können wir Kohle, Erdöl und Erdgas verbrennen.

Fossile Brennstoffe reichen nicht ewig und belasten die Umwelt. Deshalb stammt immer mehr Strom aus erneuerbaren Energien:

Solarenergie

Die Energie des Sonnenlichts wird mit Solarpaneelen aufgefangen und in Strom umgewandelt.

Wasserkraft

Die Kraft des Wassers wird an einem Staudamm in elektrischen Strom umgewandelt.

Windkraft

Aus der Bewegung des Windes wird in Windkraftanlagen Strom erzeugt.

Warum fühle ich mich krank?

Viele Krankheiten entstehen durch Keime – winzige Lebewesen, die wir nicht sehen können. Sie sind überall. Der Körper wehrt sich gegen sie. Darin ist er ziemlich gut.

Wie bekämpft mein Körper Keime?

Er baut Zellen (das sind Körper-Bausteine), die nur dafür da sind, schädliche Eindringlinge anzugreifen.

Was ist Fieber?

Wenn du krank bist, fühlst du dich oft ganz heiß. Das liegt daran, dass dein Körper seine Temperatur hochfährt. So bekämpft er Keime, die keine Hitze mögen. Fieber fühlt sich zwar nicht gut an, hilft aber!

Kann ich zweimal die gleiche Krankheit bekommen?

Hast du eine ansteckende Krankheit wie die Windpocken, lernt dein Körper, sie zu bekämpfen. Vermutlich bekommst du sie kein zweites Mal. Dringt nämlich wieder ein Windpockenerreger in deinen Körper ein, wird er sofort erkannt und angegriffen – Widerstand zwecklos!

Schon gewusst?

Meteoriten sind kleine Felsbrocken aus dem Weltraum, die in die Erdatmosphäre eindringen und die Oberfläche erreichen.

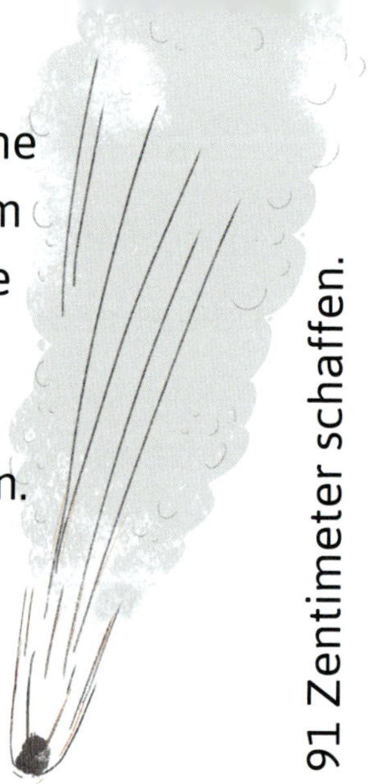

Manche **Pflanzen** futtern Insekten und sogar Kleintiere.

Zerbrichst du einen **Magneten**, hast du zwei Magnete. Jeder hat wieder einen Nord- und einen Südpol.

Wenn wir ein Loch durch die **Erde** bohren und etwas hineinwerfen könnten, würden die Dinge nicht einfach auf die andere Seite fallen, sondern in der Mitte anhalten.

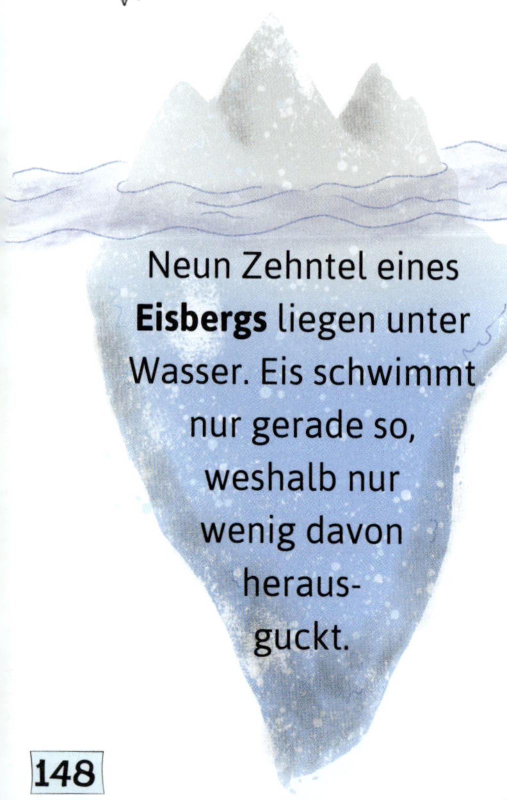

Neun Zehntel eines **Eisbergs** liegen unter Wasser. Eis schwimmt nur gerade so, weshalb nur wenig davon heraus-guckt.

Eine **Nelke** in farbigem Wasser saugt die Farbe mit auf und wird bunt!

Bambus wächst so schnell, dass man dabei zusehen kann. Er kann an einem Tag 91 Zentimeter schaffen.

Ohne Luft würden eine **Feder** und ein **Ball**, die man aus derselben Höhe fallen lässt, gleichzeitig am Boden ankommen.

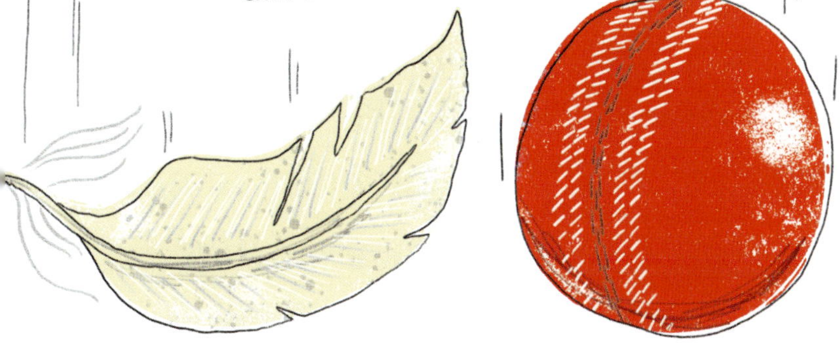

Der Computer, der die **Apollo-Mondlandefähre** steuerte, war nicht mal so gut wie der in einem Smartphone.

Das wohl größte Landtier aller Zeiten war der **Patagotitan**. Dieser Dino wog 70 Tonnen und war 37 Meter lang.

Ich war so schwer wie zwölf Afrikanische Elefanten!

Manche **Vulkangesteine** schwimmen, weil sie voller Luftbläschen sind.

Wenn du eine **Nadel** schwimmen lässt, dreht sie sich in Nord-Süd-Richtung.

Die Kontinente bewegen sich ständig. Daher wird der **Atlantik** jedes Jahr ein paar Zentimeter breiter.

Warum habe ich einen Schatten?

Dein Körper steht dem Licht, das von der Sonne oder einer Lampe kommt, im Weg. So entsteht auf der vom Licht abgewandten Seite ein dunkler Fleck, der Schatten.

Warum ist mein Spiegelbild verkehrt herum?

Das Licht von deiner linken Körperseite fällt auf den Spiegel und wird zurückgeworfen. Es bildet also die linke Seite des Spiegelbilds.

Wann gibt es einen Regenbogen?

Ein Regenbogen entsteht, wenn sich das Licht der Sonne in Regentropfen bricht. Es muss also die Sonne scheinen und gleichzeitig regnen. Sehen können wir ihn aber nur, wenn wir die Sonne im Rücken haben.

Jeder Regentropfen macht eine Farbe. Welche das ist, liegt an dem Winkel, in dem du ihn siehst.

Warum kann ich nicht um die Ecke gucken?

Das Licht breitet sich immer in einer geraden Linie aus. Um die Ecke gucken kann man daher nur mithilfe von Spiegeln, die es ablenken. So funktioniert das Periskop in einem U-Boot.

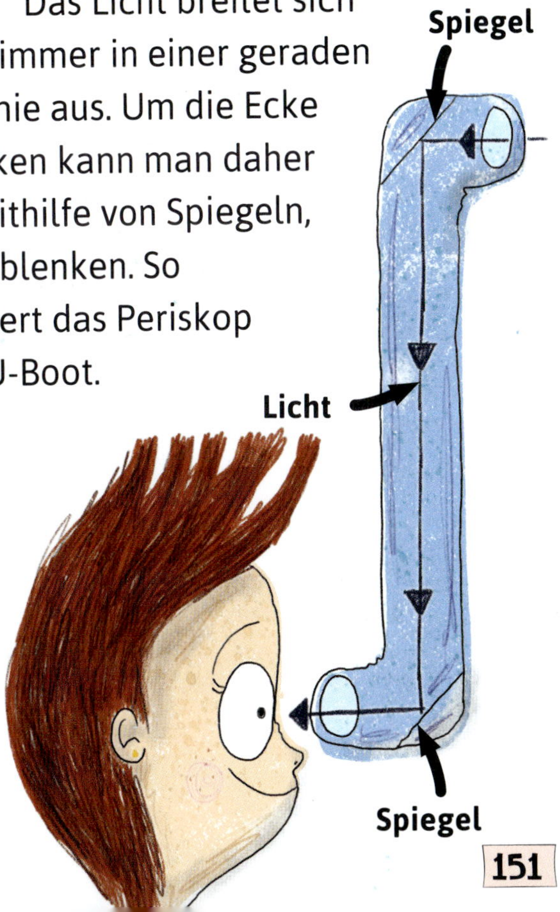

Wer frisst Löwen?

Stechende Insekten machen sich über Löwen her und Krokodile töten sie manchmal sogar. Aber ansonsten heißt es bei Löwen: fressen, nicht gefressen werden. Es gibt in der Natur viele Tiere, die andere jagen.

Wie bilden Tiere eine Kette?

Die Reihenfolge, in der ein Tier das andere und auch Pflanzen futtert, nennt man die Nahrungskette. Du kannst leicht erkennen, wer wen frisst.

Was mögen Pflanzenfresser?

Ein Allesfresser futtert sowohl Tiere als auch Pflanzen. Was bist du: Fleisch-, Pflanzen- oder Allesfresser?

Wer mag totes Futter?

Manche Tiere, zum Beispiel wir Geier, fressen Aas (tote Tiere). Auch viele kleine Käfer und Würmer sind auf diese Art der Nahrung spezialisiert.

Was ist ein Fleischfresser?

Auf dem Speiseplan der Fleischfresser stehen andere Tiere. Löwen zum Beispiel fressen Zebras, Antilopen und junge Giraffen.

Welche Tiere helfen den Flusspferden?

Die Madenhacker helfen mir, indem sie Stechmücken futtern. Das hilft aber auch ihnen selbst, denn sie bekommen eine fette Mahlzeit.

Warum fällt alles runter?

Die Schwerkraft zieht alles nach unten, zum Mittelpunkt der Erde. Es gibt diese Kraft im ganzen Universum. Sie zieht Dinge mit kleinerer Masse in Richtung von Dingen mit größerer Masse. Und bei uns hat eben die Erde mehr Masse als alles, was auf ihr ist.

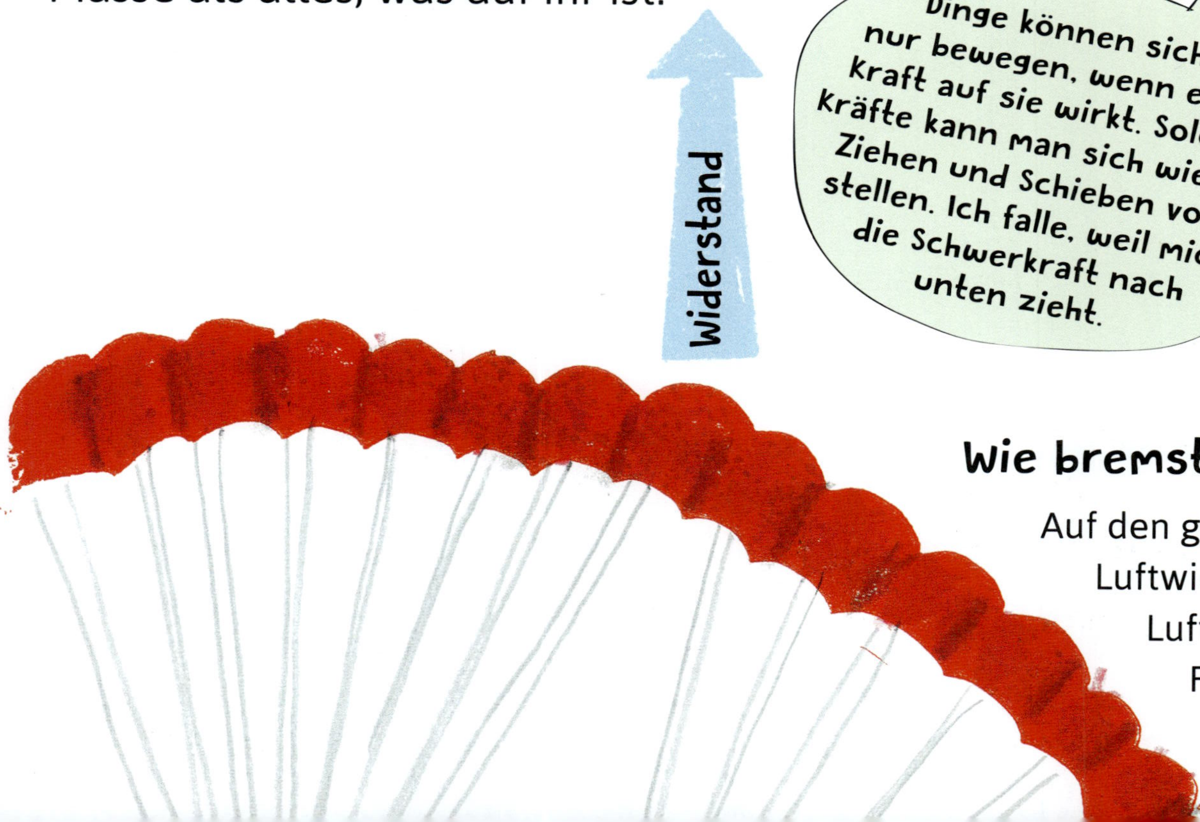

Wie bremst der Fallschirm einen Sturz?

Auf den geöffneten Fallschirm wirkt eine Kraft namens Luftwiderstand. Unter dem Schirm ist eine Menge Luft eingesperrt. Sie schiebt von unten gegen den Fallschirm. Der Widerstand der Luft hält den Fallschirm oben, während die Schwerkraft ihn nach unten zieht.

Wie hält der Magnet dein Bild am Kühlschrank?

Manche Metalle sind magnetisch und werden von Magneten angezogen. Die Kraft des Magneten (der Magnetismus) wirkt auch durch unmagnetische Schichten hindurch, solange sie nicht sehr dick sind – zum Beispiel durch Papier.

Welche Kraft rettet dich vorm Ausrutschen?

Sie heißt Reibung und bewirkt, dass zwei Oberflächen nicht einfach aneinander vorbeischlittern. Auf Eis ist die Reibung sehr gering. Auf rauen Oberflächen ist sie größer, deswegen kannst du auf einer Straße besser laufen als auf dem Eis.

Lieber so oder so?

Möchtest du lieber Aas fressen wie ein **Geier** oder Erde wie ein **Wurm**?

Wenn du ein Superheld wärst: Möchtest du lieber mit superviel **Reibung** die Wände hochgehen oder die **Schwerkraft** abschalten und fliegen?

Was wäre praktischer: **um die Ecke** gucken oder **im Dunkeln** sehen?

Würdest du lieber **Tiger** im Dschungel oder **Vulkane** beim Ausbruch erforschen?

Möchtest du lieber einen neuartigen **Stoff** oder ein fantastisches **Auto** erfinden?
Wärst du lieber **superdehnbar** wie Gummi oder **superfedernd**, damit du überallhin hopsen kannst?
Auf ins Abenteuer! Wärst du lieber ein **Astronaut** auf dem Mars oder ein **Taucher** in der Tiefsee?
Möchtest du so **leicht** sein, dass du auf dem Wasser laufen …
… oder so **dicht**, dass du auf dem Meeresboden spazieren kannst?

Welche Kraft wirkt nach oben?

Der Auftrieb! Diese Kraft wirkt zum Beispiel in Wasser und schiebt von unten gegen einen Gegenstand. Wenn das Gewicht, das den Gegenstand nach unten zieht (also die Schwerkraft), und der Auftrieb gleich groß sind, schwimmt er.

Warum können Schiffe schwimmen?

Ob ein Schiff sinkt oder schwimmt, hängt von der Dichte ab (Dichte ist das Gewicht bezogen auf das Volumen). Große Schiffe sind fast immer aus Metall und das ist dichter als Wasser. Aber weil im Schiffsbauch viel Luft steckt, kann das Schiff schwimmen.

Können Fische sinken oder schwimmen?

Beides! Die Dichte von Fischen und Wasser ist ungefähr gleich. Viele Fischarten haben einen gasgefüllten Sack im Bauch, die Schwimmblase. Mit ihrer Hilfe regelt der Fisch seine Höhe im Wasser. Mehr Gas heißt aufsteigen, weniger Gas heißt absinken.

Was ist Materie?

Einfach alles, was um dich herum existiert! Sie hat drei Zustände: fest, flüssig und gasförmig.

Warum schmilzt Eis?

Beim Erhitzen und Abkühlen kann Materie ihren Zustand verändern. Erhitzt man einen Feststoff über seinen Schmelzpunkt, wird er flüssig. Der Schmelzpunkt für Eis liegt bei null Grad Celsius (0° C).

Wie wird eine Flüssigkeit gasförmig?

Indem man sie bis zum Siedepunkt erhitzt. Der Siedepunkt von Wasser ist 100° C.

Schmelzen und Sieden kann man auch rückgängig machen. Kühlt ein Gas unter seinen Siedepunkt ab, wird es wieder flüssig. Kühlst du es anschließend bis unter den Schmelzpunkt, wird es fest.

Nicht alles schmilzt, wenn man es erhitzt – manches verbrennt einfach. Was meinst du: Welche Stoffe schmelzen?

- Wollpulli
- Ei
- Glasflasche
- Würstchen
- Karamellbonbon
- Schlüssel aus Metall
- Buch
- Stuhl aus Holz

Antwort: Glas, Karamellbonbon und Schlüssel aus Metall

Fragen über Fragen

Warum ist es am Nord- und Südpol so kalt?

Die Erde hat die Form einer Kugel. An den beiden Polen kommt nicht viel Licht an, weil sie nicht direkt zur Sonne zeigen.

Wo sind die Sterne am Tag?

Überall! Das Sonnenlicht ist bloß so hell, dass wir sie am Tag nicht sehen können.

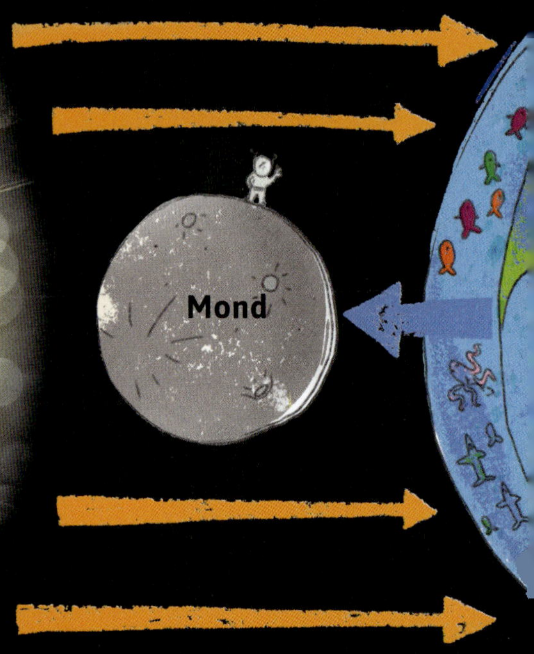

Warum gefriere ich im Winter nicht zu einem Eisblock?

Du bist ein Warmblüter. Das bedeutet, dass dein Körper viel Energie aufwendet, um dich auch bei Kälte zu wärmen.

Was sind Sternschnuppen?

Meteoroide – oder Steine aus dem Weltraum. Auf ihrem Weg durch die Luftschicht um die Erde werden sie so heiß, dass sie verbrennen. Davon sieht man nur einen hellen Lichtstreifen.

Warum gibt es Ebbe und Flut?

Die Schwerkraft des Mondes zieht das Meer zu sich heran. Da sich außerdem die Erde dreht, ist das Wasser mal da und mal nicht.

Woraus sind Wolken?

Aus winzigen Wassertröpfchen. Je mehr Wasser in der Wolke steckt, desto schwerer werden die Tropfen, bis sie als Regen vom Himmel fallen.

Warum muss ich rülpsen?

Wenn das Essen in deinem Magen verdaut wird, entstehen Gase. Die Gasblasen müssen wieder raus – entweder oben oder unten!

Warum knallt ein Luftballon?

Die Luft im Ballon steht unter Druck. Platzt der Ballon, rast sie mit Schwung heraus. Das hören wir als lauten Knall.

Ist eine Seifenblase fest, flüssig oder gasförmig?

Sie besteht aus Gas, umgeben von einer sehr dünnen Schicht Flüssigkeit.

Können Astronauten die Sonne besuchen?

Nein, dafür ist sie viel zu heiß. Kein Mensch könnte in der Nähe überleben, auch nicht in einem Raumschiff.

Warum gibt es keine Dinos mehr?

Dinosaurier und viele andere Tiere starben vor 65 Millionen Jahren aus. Grund war eine Naturkatastrophe, vermutlich der Einschlag eines Meteoriten.

Wo ist am Südpol oben?

In Richtung Himmel natürlich und unten ist immer Richtung Erdmittelpunkt. Nur im Weltraum gibt es kein Oben und Unten.

Wer beseitigt unsern Kot?

Unsere Hinterlassenschaften – und die der Tiere – werden von Mistkäfern, Würmern und Kleinstlebewesen aufgefressen. Sie sind für manche ein Leckerbissen!

Kann ich später mal Wissenschaftler oder Forscherin werden?

Na klar, das kann jede und jeder! Du brauchst nichts außer viel Neugier und Fleiß.

Welches Tier soll dein Haustier sein?
Was ist deine Lieblingsfarbe?
Bist du ein früher Vogel oder eine Nachteule?
Was ist dein Lieblingstier?

TIERE

Welches Tier möchtest du einen Tag lang sein?
Magst du lieber warmes Wetter oder Schnee?
Wenn du eine Sache täglich essen dürftest, was wäre das?

Was ist ein Tier?

Tiere sind Lebewesen, die all das hier tun …

① Junge bekommen

Alle Tiere können neue Tiere ihrer Art machen. Das nennt man auch **Fortpflanzung**.

② Atmen

Tiere **atmen**, um Luft aufzunehmen. Denn um zu überleben, braucht ihr Körper ein Gas namens Sauerstoff.

③ Ihre Sinne benutzen

Mit ihren **Sinnen** sehen, hören, riechen, schmecken und fühlen Tiere, was um sie herum geschieht.

④ Sich bewegen

Fast alle Tiere **bewegen** sich, um Futter und Wasser zu finden, sich zu verstecken und Gefahren zu entkommen.

⑤ Futtern

Um zu überleben, müssen Tiere **fressen**. Nahrung gibt ihnen die Energie zum **Wachsen** und zur **Fortbewegung**.

⑥ Abfälle loswerden

Kot oder **Mist** sind die Essensreste, die der Körper des Tieres nicht benötigt.

⑦ Wachsen

Alle Tiere sind am Anfang klein, dann **wachsen** sie. Irgendwann sind sie dann selbst erwachsen.

Warum fressen Krokodile Steine?

Weil sie ihre Fleischmahlzeiten im Ganzen verschlingen. Steine helfen dabei, das Futter im Magen klein zu mahlen.

Was macht Flamingos rosa?

Flamingos sind rosa, weil sie in Salzwasserseen rosa Garnelen fressen. Beim Futtern hängen sie übrigens kopfüber.

Wer knabbert gern Grünzeug?

Für Pflanzenfresser wie das Faultier sind Blätter und anderes Grünzeug einfach köstlich. Manche Blätter sind zäh und müssen lange gekaut werden.

Sind Tiere beim Essen wählerisch?

Manche ja! Einige mögen nur ein einziges Futter. Andere wiederum, zum Beispiel Tigerhaie und Braunbären, fressen alles, was sie kriegen können.

Was sind die Sinne?

Mit Hilfe der Sinne findet unser Körper heraus, was in der Welt vor sich geht. Tiere können dank ihrer Sinne Futter entdecken, den Weg finden, Gefahren erkennen und Freundschaften schließen.
Die fünf wichtigsten Sinne sind **Hören**, **Sehen**, **Riechen**, **Schmecken** und **Fühlen**.

Wie schnuppern Schlangen?

Schlangen riechen mit der Zunge. Auf der Suche nach schmackhaften Düften züngeln sie damit durch die Luft.

RIECHEN

SCHMECKEN

Warum sollte man keinen Frosch küssen?

SEHEN

Haben alle Tiere zwei Augen?

Nein, manche Tiere haben mehr. Die meisten Spinnen haben acht Augen, nur Höhlenspinnen haben keine. Denn in den Höhlen, in denen sie leben, ist es immer dunkel.

Schon gewusst?

Eissturmvögel leben auf dem Meer. Kommt ihnen jemand zu nahe, spucken sie stinkendes Magenöl.

Die **Giraffe** wird von allen Landtieren am größten.

Hummer haben blaues Blut. Manche Hunde haben blaue Zungen.

Wenn ein **Sandtigerhai** auf den Meeresgrund hinunter möchte, muss er rülpsen!

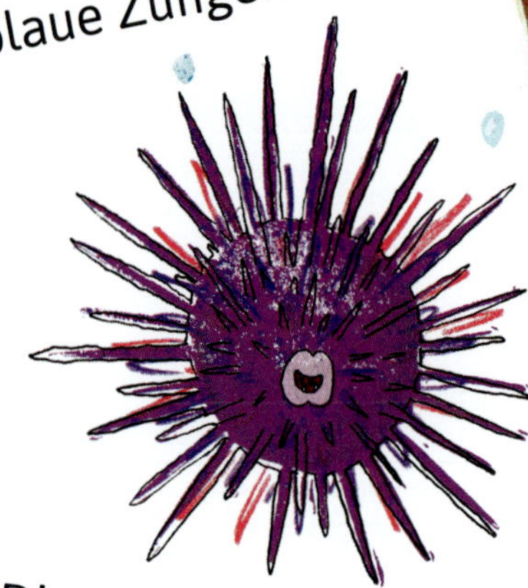

Die stacheligen **Seeigel** sind voller winziger Füße! Ihr Mund sitzt unten.

Mimik-Oktopusse können ihre Form und Farbe verändern. Sie tun so, als ob sie Fische oder Seeschlangen wären.

Schweißbienen (Halactidae) fliegen auf menschlichen Schweiß!

Zerbricht ein **Schwamm**, kann sich dieses merkwürdige Meerestier selbst wieder zusammenpuzzeln.

Mistkäfer sind die stärksten Tiere der Welt. Wären sie so groß wie Menschen, könnten sie sechs voll besetzte Busse schieben.

Eine **Spinne** frisst im Jahr ungefähr 2.000 Insekten.

Die **Grabfrösche** aus Australien bedecken sich mit Schleim, an dem Fliegen kleben bleiben. Der Frosch muss nur noch zuschnappen und schlucken.

Beim **Bienentanz** wackeln Honigbienen mit dem Hinterteil. So zeigen sie ihren Kolleginnen, wo die leckersten Blüten wachsen.

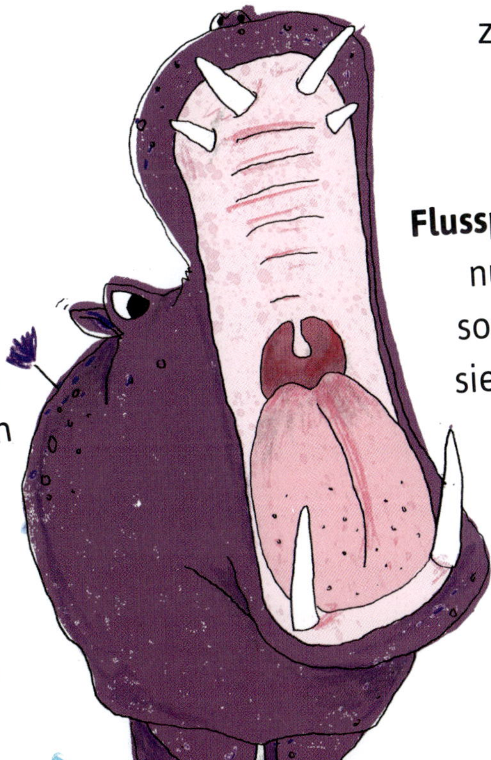

Flusspferde gähnen nicht nur bei Müdigkeit, sondern auch, wenn sie wütend sind oder Angst haben.

Blauwale futtern Millionen rosafarbene Garnelen, daher ist ihr Kot auch rosa. Jeder Haufen kann größer sein als du!

Ein **Wels** schmeckt mit dem ganzen Körper, denn seine Haut ist mit Geschmacksknospen bedeckt.

Was steckt in einem Tier?

Wenn du selbst ein Tier bauen möchtest: Hier ist die Bauanleitung ...

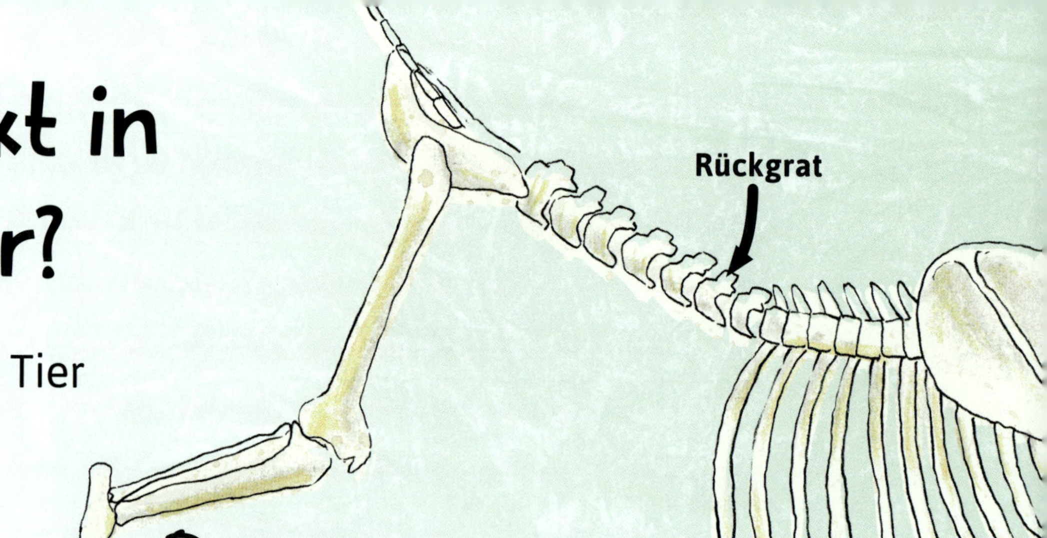

① Gestell

Die meisten großen Tiere haben im Inneren ein **Skelett** – ein Gerüst aus Knochen. Kleintiere haben oft eine feste Außenhaut oder Schale, die man **Exoskelett** oder **Außenskelett** nennt.

③ Innereien

Weiche Körperteile im Inneren – die Organe – erledigen Arbeiten wie Denken, Atmen und Verdauen.

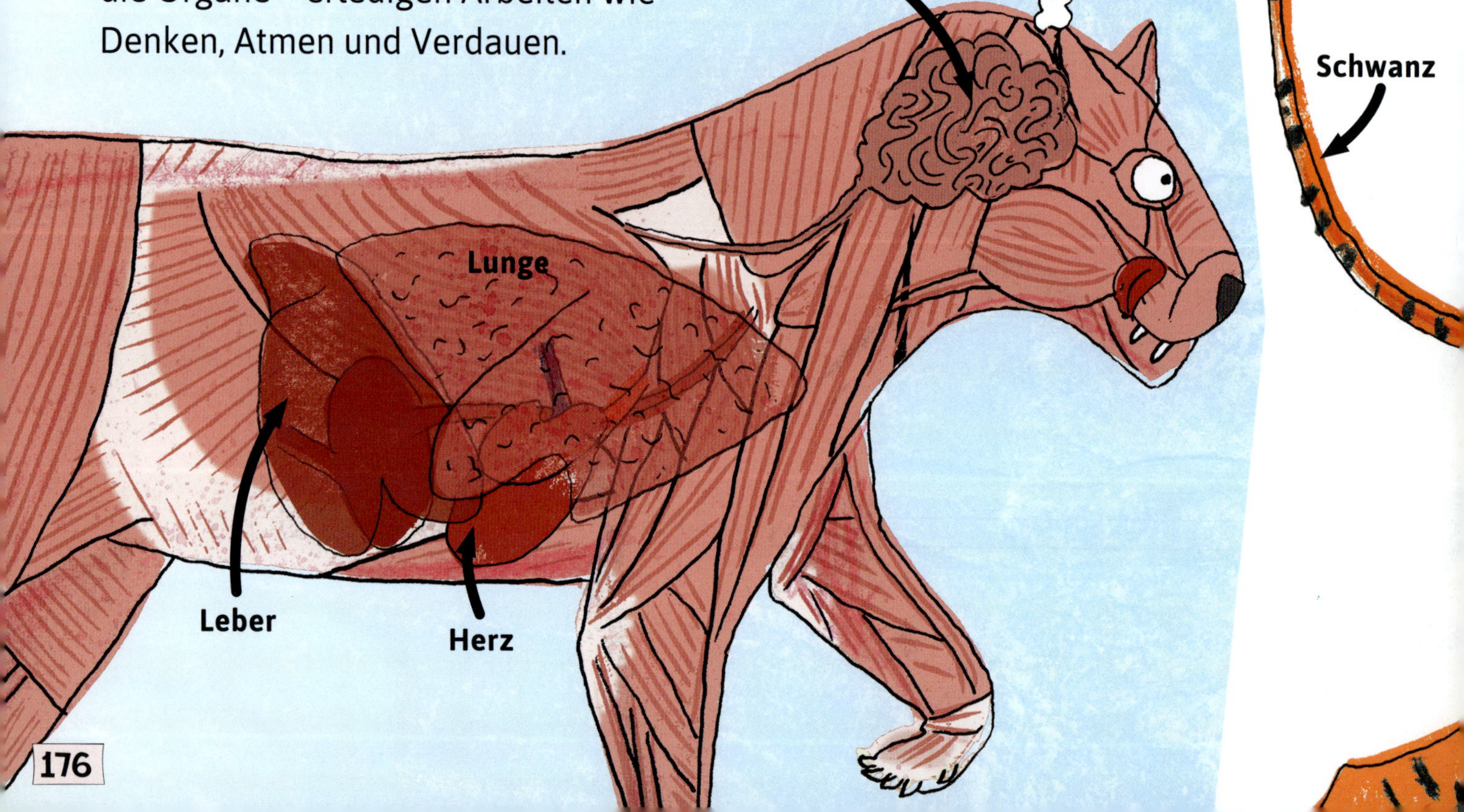

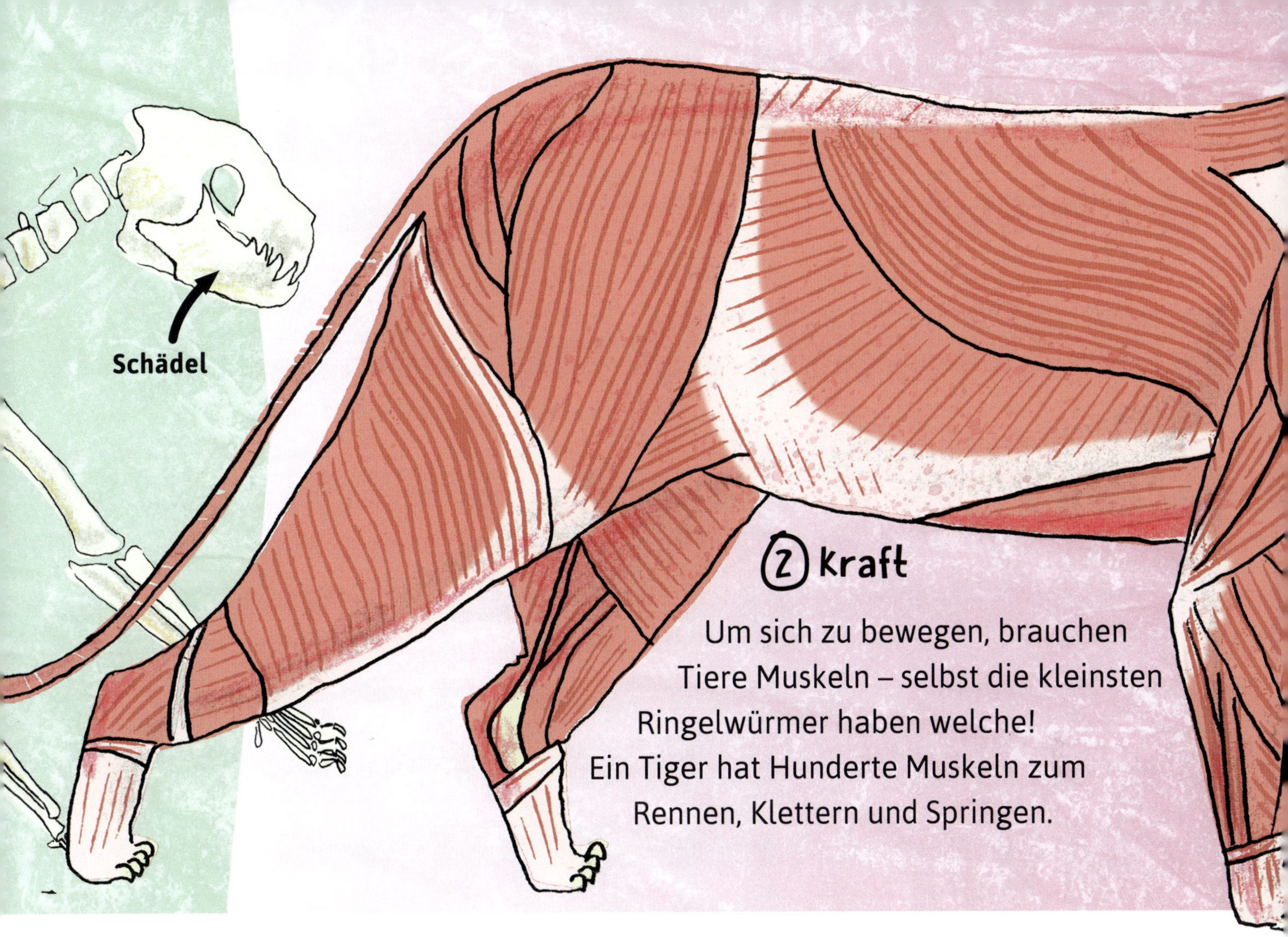

② Kraft

Um sich zu bewegen, brauchen Tiere Muskeln – selbst die kleinsten Ringelwürmer haben welche! Ein Tiger hat Hunderte Muskeln zum Rennen, Klettern und Springen.

④ Spezialeffekte

Einige Tiere haben Fell, die anderen Federn und wieder andere Schuppen. Die Streifen des Tigers sind eine Tarnung im hohen Gras. Und warum hat er wohl scharfe Zähne und Klauen?

Warum bist du blau?

Farben und Muster machen ein Tier erst richtig schön! Außerdem lassen sie es bedrohlich wirken oder gut getarnt im Versteck verschwinden.

Warnung oder Tarnung?

Manche Tiere sehen fast genauso aus wie ihre Umgebung. Das nennt man Tarnung. Andere warnen Feinde mit knalligen Farben und Mustern davor, sich zu nähern. Welches dieser Tiere nutzt Tarn- und welches Warnfarben?

Erdbeerfröschchen

Zwerg-Seepferdchen

Mit meinen Farben kann ich mich leicht verbergen. Ein blauer oder dunkelgrauer Hai kann im Meer fast ungesehen auf Beutezug gehen.
Blauhai
Hättest du lieber blaue Füße so wie ich oder einen roten Popo wie ein Pavian?
Blaufußtölpel
Rotbrust-Krontaube
Meine wunderschönen blauen Federn lassen mich gesund und fit aussehen. Das zieht Partner an!
Wandelndes Blatt
Nattern-Plattschwanz
Löwe

Lieber so oder so?

Der Winter kommt! Möchtest du ihn wie eine **Uferschwalbe** an einem warmen Ort verbringen oder ihn wie eine **Haselmaus** verschlafen?

Hättest du lieber Punkte wie ein **Leopard** oder Streifen wie ein **Tiger**?

Ist ein langer **Giraffenhals** besser ...

... als viele **Krakenarme**?

Mit ihrem langen Hals kann die Giraffe die Blätter der höchsten Bäume knabbern. Die Krakenarme dienen der Fortbewegung, zum Tasten, Schmecken und Futtern.

Würdest du als Tierkind lieber in Papas Bauchtasche hocken wie ein **Seepferdchen** oder in Mamas Beutel wie ein **Känguru**?

Zeit für ein Picknick! Hast du wie die **Geier** Appetit auf verrottendes Aas oder stehst du wie die **Seegurken** auf Kot?

Was hättest du lieber: den Panzer vom **Schuppentier** oder die Stacheln vom **Kugelfisch**?

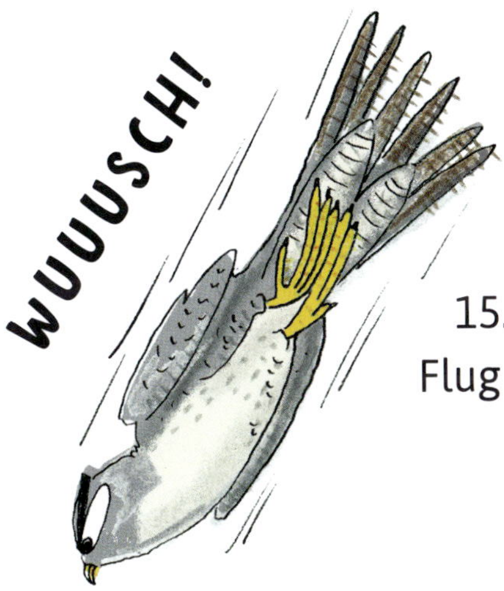

Würdest du lieber wie der **Wanderfalke** einen Sturzflug mit 240 km/h hinlegen oder wie der **Wanderalbatros** 15.000 Kilometer in einem Flug schaffen?

Soll dein bester Freund ein **Hai** oder ein **Krokodil** sein?

Wieso schlagen Spinnen Räder?

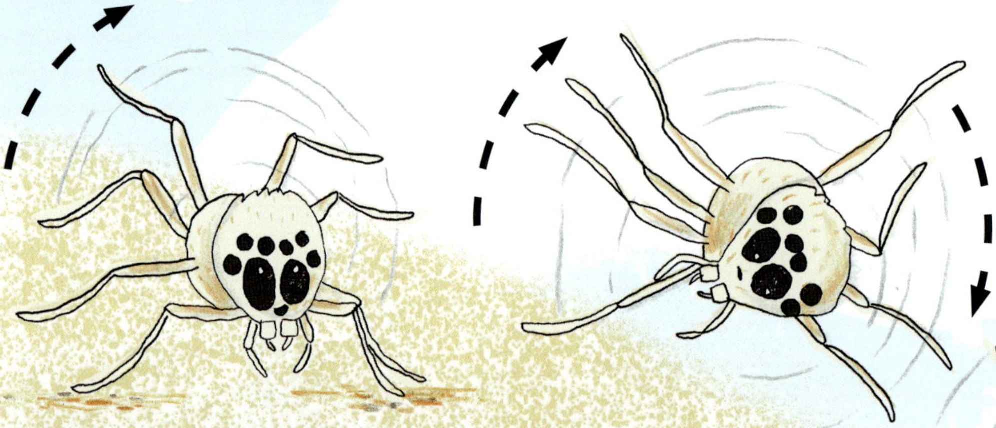

Afrikanische **Radspinnen** bewegen sich mit Radschlagen über den heißen Sand. Sonst würden sie sich bloß die Füße verbrennen!

Wie hoch kannst du springen?

Warum haben Orang-Utans so lange Arme?

Welcher Vogel fliegt, kommt aber nicht vorwärts?

Der Kolibri. Er schlägt und dreht seine Flügel so, dass er in der Luft stehen bleibt. So kann er in Ruhe süßen Blütennektar trinken.

Flöhe hüpfen von einem Tier zum anderen, um dort Blut zu saugen!

Wie schnell sprintet ein Gepard?

Geparden sind die schnellsten Läufer der Welt. Sie schaffen im Sprint bis zu 100 Stundenkilometer.

(1) Für Tempo gebaut

Der Gepard hat am ganzen Körper kleine, kräftige Muskeln.

Warum rennen Geparden so schnell?

Geparden sind Jäger und flitzen los, wenn es um ihr Mittagessen geht. Die Antilopen, ihre Beute, müssen ebenfalls fix sein, um zu entkommen.

Warum sind Schild- kröten so langsam?

Schildkröten müssen ihr Futter nicht erbeuten, denn sie futtern Gras. Also können sie sich ein gemütliches Tempo leisten. Da ihre Panzer sie schützen, müssen sie auch nicht vor Angreifern davonrennen.

② Große Schritte

Er hat eine extrem bewegliche Wirbelsäule und lange Beine.

③ Weite Schritte

Im Sprint sind alle vier Beine des Geparden gleichzeitig in der Luft.

Warum laufen Krebse seitwärts?

Die Krümmung ihrer Beine führt dazu, dass sie einfach nicht vorwärts gehen können.

Wer stellt sich tot?

Der Riesentagschläfer bewegt sich am Tag überhaupt nicht, sondern tarnt sich als Ast. Erst in der Nacht fliegt er los, um Insekten zu jagen.

Wie viele?

Ein Tintenfisch hat **2** Tentakel

... und **8** Arme..

Ein Krake hat **3** Herzen, aber ein Regenwurm hat **5**.

Seeotter haben **800 Millionen** Haare im Pelz.

Baumkängurus können **30** Meter weit vom Baum zum Boden springen.

Ein Schneeleopard kann bis zu **10** Meter weit springen.

Eine Schlange kommt bis zu **6** Monate ohne Futter aus.

Eine Giraffenzunge misst **45** Zentimeter.

20 So viele Stunden am Tag können Dreifinger-Faultiere, Koalas und Löwen mit Schlafen verbringen.

500.000

So viele Kilometer kann eine Rußseeschwalbe ohne Pause fliegen.

Monarchfalter unternehmen erstaunlich weite Reisen. Einer flog mehr als **4.000** Kilometer, nur um Eier zu legen!

4

Anzahl der Flügel einer Biene

So viele Stunden braucht eine Schnecke für gerade mal **1** Meter ihres schleimigen Weges.

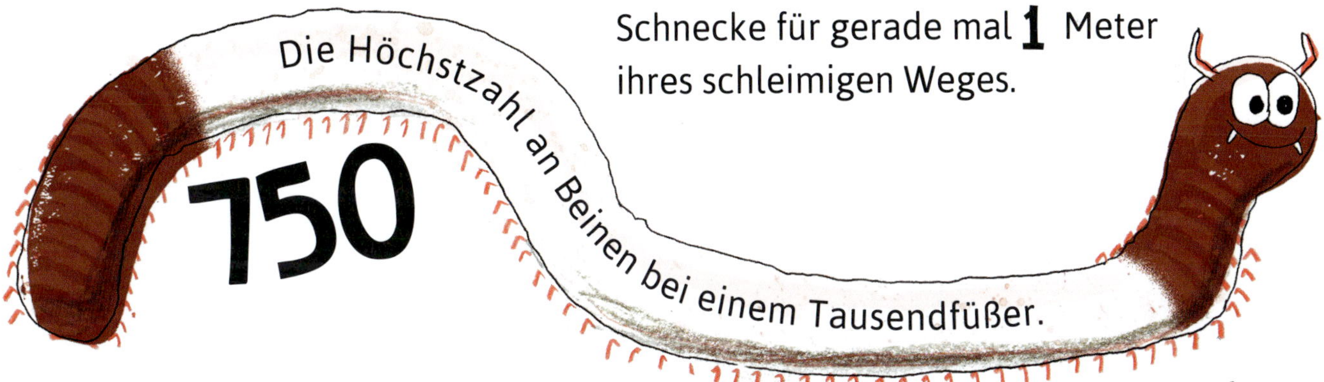

750

Die Höchstzahl an Beinen bei einem Tausendfüßer.

Eine weibliche Aga-Kröte kann **35.000** Eier auf einmal legen.

36

So viele Zentimeter misst das längste Insekt, eine Stabschrecke namens Phobaeticus chani.

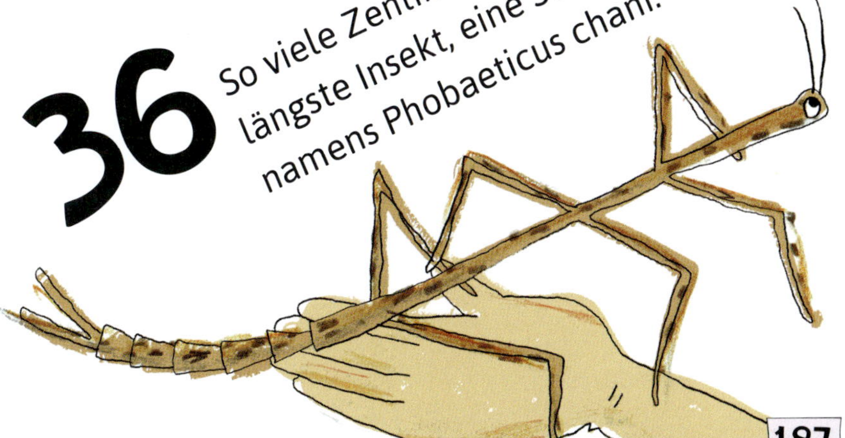

Jemand zu Hause?

Klar! Tiere benötigen einen sicheren Rückzugsort, wo sie ihre Jungen großziehen können. Man nennt ihn Lebensraum. Er kann so groß sein wie ein ganzer Ozean oder so winzig wie ein einzelnes Blatt.

Wer lebt in einem Haus aus Spucke?

Junge Wiesenschaumzikaden bauen sich ein Nest aus schaumiger Spucke. Darin sind sie sicher, bis sie groß sind.

Warum mögen Frösche Wasser?

Sie brauchen es, um ihren Laich hineinzulegen. Frösche sind Amphibien: Tiere, die an Land und im Wasser leben.

Warum rufen Eulen Huhuuu?

Der Ruf der Eule sagt anderen Eulen, dass sie sich vom Baum fernhalten sollen. Manche Tiere mögen eben keine Nachbarn!

Können Tiere etwas bauen?

Ja, manche Tiere sind richtige Baumeister und fertigen tolle Bauwerke.

Welcher Vogel baut das schönste Nest?

Webervögel-Papas weben ihre Nester aus langen Grashalmen. Mit Federn polstern sie sie aus. Dann singen sie, damit Mama Webervogel weiß, dass es Zeit zum Eierlegen ist.

Wozu bauen Spinnen Netze?

Um Fliegen zu fangen. In ihrem Körper produzieren sie Spinnenseide und weben daraus ein Netz.

Wer liebt Matsch?

Termiten und zwar Millionen von ihnen! Aus Schlamm bauen sie ihre turmartigen Hügel, die jahrelang halten. Termiten, die zusammenleben, nennt man einen Staat.

Wozu brauchen wir Mama und Papa?

Manche Tierkinder sind gleich nach der Geburt selbstständig, andere brauchen Mama und Papa. Sie geben ihnen Futter und Sicherheit.

Wo haben Pinguine ihre Eier?

Wie schläft ein Baby-Orca?

Junge Schwertwale (Orcas) können sofort nach der Geburt schwimmen, sie schlafen sogar schwimmend! Dabei macht nur eine Gehirnhälfte eine Pause, die andere bleibt wach.

Walkinder nennt man Kälber.

Trinken Tierkinder Milch?

Ja. Tiere mit Fell nennt man Säugetiere, die ihre Jungen mit Milch füttern. Eisbärenmamas kümmern sich während des langen, harten Winters in einer Schneehöhle liebevoll um ihre Jungen.

Fragen über Fragen

Sind Haie die gefährlichsten Tiere der Welt?

Nein, Haie greifen nur sehr selten Menschen an. Viel häufiger verletzen uns Schlangen, Hunde und sogar Esel!

Wie entkommt der Tintenfisch dem hungrigen Hai?

Er stößt einen Wasserstrahl aus und dann ab die Post! Der Wasserstrahl drückt den Tintenfisch vorwärts. Das nennt man einen Strahlantrieb.

Können Echsen auf dem Wasser laufen?

Der Helmbasilisk ja. Er rennt einfach richtig schnell darüber. Dank seiner großen Füße und dem Schwanz geht er nicht unter.

Warum sind Quallen wabbelig?

Quallen haben keine Knochen und ihr Körper enthält sehr viel Wasser – genau wie Wackelpudding!

Haben alle Tiere Knochen?

Säugetiere, Vögel, Reptilien, Amphibien und viele Fische ja. Andere Tiere – etwa Insekten, Krebse und Kraken – haben keine.

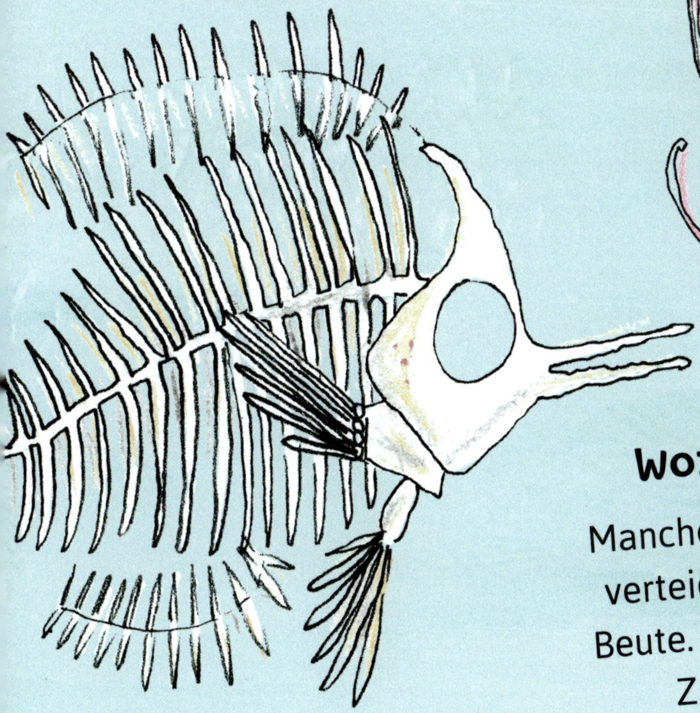

Wozu besitzen Tiere Gift?

Manche Tiere nutzen ihr Gift, um sich zu verteidigen, andere erlegen damit ihre Beute. Sie verabreichen den Giftstoff mit Zähnen, Klauen oder Stacheln.

Sind Fledermäuse Vögel?

Nein, Fledermäuse sind Säugetiere, die einzigen, die fliegen können.

Können Löwen schnurren?

Großkatzen können zwar brüllen, aber nicht schnurren. Kleine Katzen schnurren, können aber nicht brüllen. Löwen machen aber manchmal ein gemischtes Geräusch – ein brüllendes Schnurren!

Haben Kamele Wasser in den Höckern?

Nein. Im Höcker des Kamels steckt Fett, kein Wasser.

Wie schaffen Tiere den Gleitflug?

Flugdrachen, Flugfrösche und Gleithörnchen besitzen große Hautlappen an den Seiten oder zwischen den Zehen. Diese wirken, wenn sie von einem Baum springen, wie Fallschirme. So können sie in der Luft gleiten und sicher landen.

Welcher Vogel ist der kleinste?

Der Hummelkolibri – auch Bienenelfe genannt – ist kleiner als dein Daumen. Der Strauß ist der größte Vogel.

Wie viele Tiere leben auf der Erde?

Das weiß niemand, aber es gibt ja schon ein paar Billionen Ameisen, also müssen es wirklich seeehr viele sein!

Wie hältst du dich fit?
Du bekommst für einen Tag eine Superkraft: Welche wäre das?
Magst du lieber süß oder salzig essen?

Welche Augenfarbe hast du?
Welchen neuen Sinn möchtest du dir ausdenken?

MEIN KÖRPER

Wie groß bist du?
Gehst du lieber früh oder spät schlafen?

Wozu ist mein Körper gut?

Dein Körper lässt dich die Welt entdecken, sie sehen, hören, riechen, schmecken und spüren. Du kannst mit deinem Körper auch rennen, springen, denken, reden und alle möglichen lustigen Dinge tun. Ohne ihn könntest du nichts.

Was macht Zellen so besonders?

Zellen sind winzige Bausteine deines Körpers. Verschiedene Zellen haben auch verschiedene Aufgaben: Es gibt Blutzellen, Knochenzellen, Hautzellen und jede Menge mehr.

Dein Skelett besteht aus Knochenzellen.

Wie können Ärzte in den Körper hineinblicken?

Scans und Röntgenaufnahmen zeigen den Ärzten deine Körperteile und wie sie zusammenarbeiten. Selbst einzelne Zellen kann man unter dem Mikroskop vergrößert betrachten.

Muskelzellen bilden jeden einzelnen Muskel deines Körpers.

In deinem Blut fließen Billionen von roten Blutzellen.

Warum muss ich essen?

Das Essen versorgt deinen Körper mit der Energie, die er braucht. Einzelne Nährstoffe können den Körper reparieren oder ihm beim Wachsen helfen. Wenn der Körper die Nahrung gut verarbeitet, kann er daraus neue Haut, Haare, Knochen und andere Körperteile bilden.

Wie ernähre ich mich ausgewogen?

Jedenfalls nicht auf der Waage! Ausgewogene Ernährung heißt, viele unterschiedliche Nahrungsmittel zu essen. So bleibst du fit und gesund.

Fett und Zucker

Sei mit Nahrungsmitteln, die beides enthalten, sehr sparsam.

Kohlenhydrate

Brot, Kartoffeln, Reis und Nudeln geben dir jede Menge Energie.

Milchprodukte

Milch, Käse und Joghurt sind gut für starke Knochen und Zähne.

Warum ist Wasser so wichtig?

Etwa 60 Prozent deines Körpers sind nur Wasser – es steckt wirklich in jeder Zelle! Beim Schwitzen, auf dem Klo und sogar beim Ausatmen verlierst du Wasser. Als Ersatz dafür musst du trinken.

Was passiert beim Essen?

Dein Essen macht eine lange, kurvige Reise durch dein Verdauungssystem. An verschiedenen Stationen zieht der Körper sich all das heraus, was er braucht.

Nach dem Essen Zähneputzen nicht vergessen!

(1) Was tun die Zähne?

Beim Kauen zerkleinern die Zähne das Essen, erst in kleinere Stückchen, dann in einen zähen Brei. Mit Spucke vermischt, kann man diese Masse dann leicht schlucken.

(2) Wo landet das Essen als Erstes?

Beim Schlucken wandert das Essen in eine Art Schlauch in deinem Hals, die Speiseröhre. Von hier befördern Muskeln das Essen nach unten in den Magen. Sie ziehen sich hinter dem Nahrungsbrei zusammen und schieben ihn so voran.

Speiseröhre

Vom Mund zum Magen dauert es fünf bis acht Sekunden.

③ Warum ist Säure im Magen?

Die Magensäure löst das Essen auf, zurück bleibt eine klebrige Flüssigkeit. Außerdem kneten Muskeln die Masse durch und sie wird immer feiner.

④ Was ist im Darm los?

Die breiige Flüssigkeit bewegt sich nun durch den Darm. Unterwegs werden gesunde Nährstoffe und Wasser herausgezogen. Was übrig bleibt, ist … Kacke!

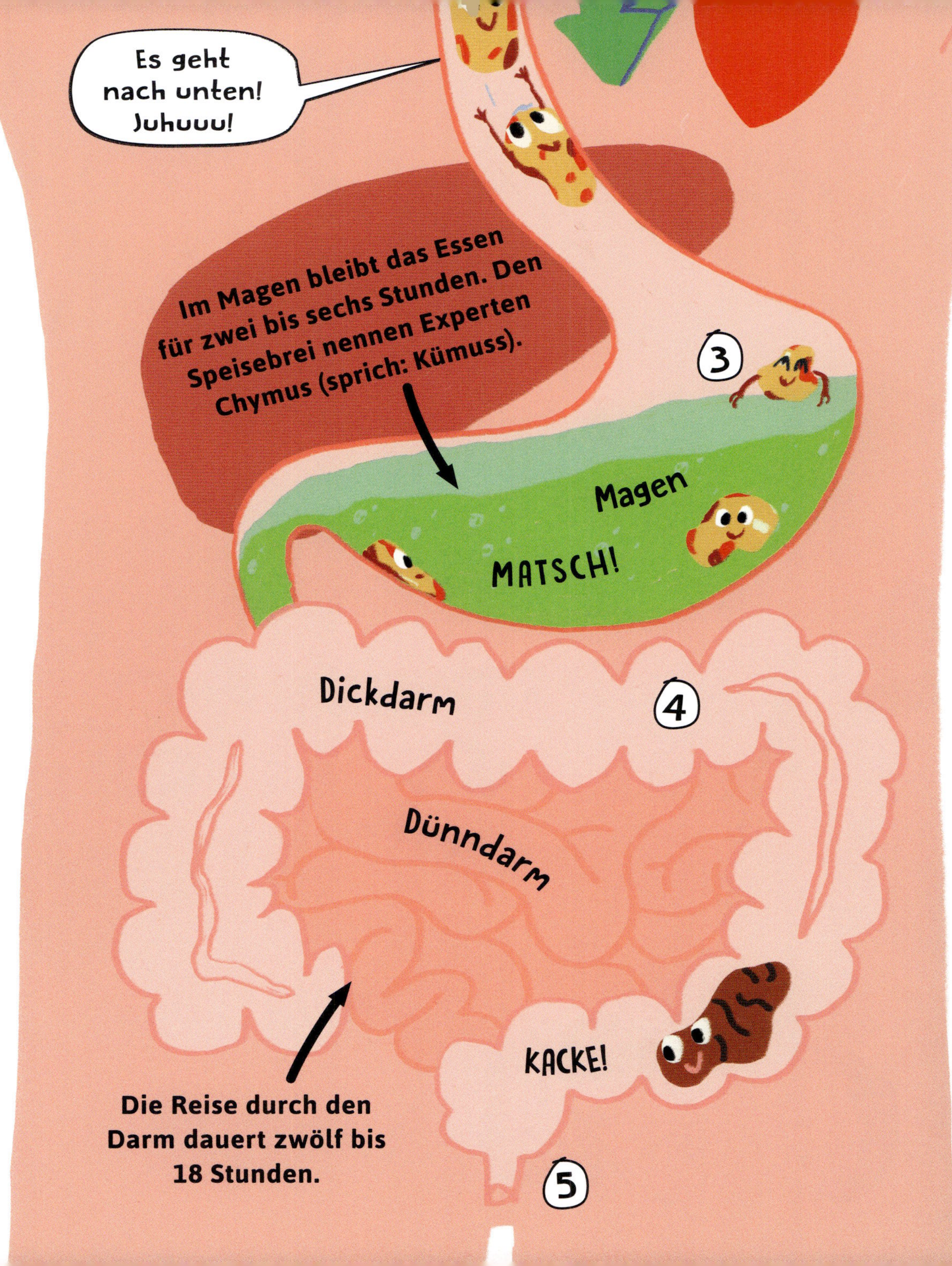

⑤ Warum muss ich groß aufs Klo?

Dort wirst du die Essensreste los, die dein Körper nicht benötigt. Vermischt mit abgestorbenen Zellen und Wasser werden sie auf der Toilette ausgeschieden.

Wie viele?

35 So viele Tonnen Essen futtert ein Durchschnittsmensch in seinem Leben.

110.000 So viele Haare haben Dunkelhaarige auf dem Kopf. Blonde haben mehr und Rothaarige noch weniger Haare.

37 Billionen Zellen hat ein Mensch im Körper.

1,5–2 Die Hautfläche eines Erwachsenen (in Quadratmeter)

0,5 Die Menge Gas (in Litern), die dein Darm jeden Tag produziert.

69 Die größte Zahl Babys, die je ein Mensch bekommen hat.

1 Billion Gerüche erkennt deine Nase.

16
Die Geschwindigkeit des Niesens (in Stundenkilometern)
Ein Haar wächst 1,25 Zentimeter im Monat.
900
So lang (in Zentimetern) war der längste Fingernagel aller Zeiten.
120
So schnell (in Metern pro Sekunde) flitzen Nachrichten durch unser Nervensystem.
3
So wenige Millimeter ist dein kleinster Knochen lang (er sitzt in deinem Ohr).
5
So viele Liter Blut fließen durch einen durchschnittlichen Erwachsenen.

Woraus besteht mein Skelett?

Die Knochen bauen in deinem Körper eine Art Gerüst – das Skelett. Es stützt deinen Körper und gibt den Muskeln Halt.

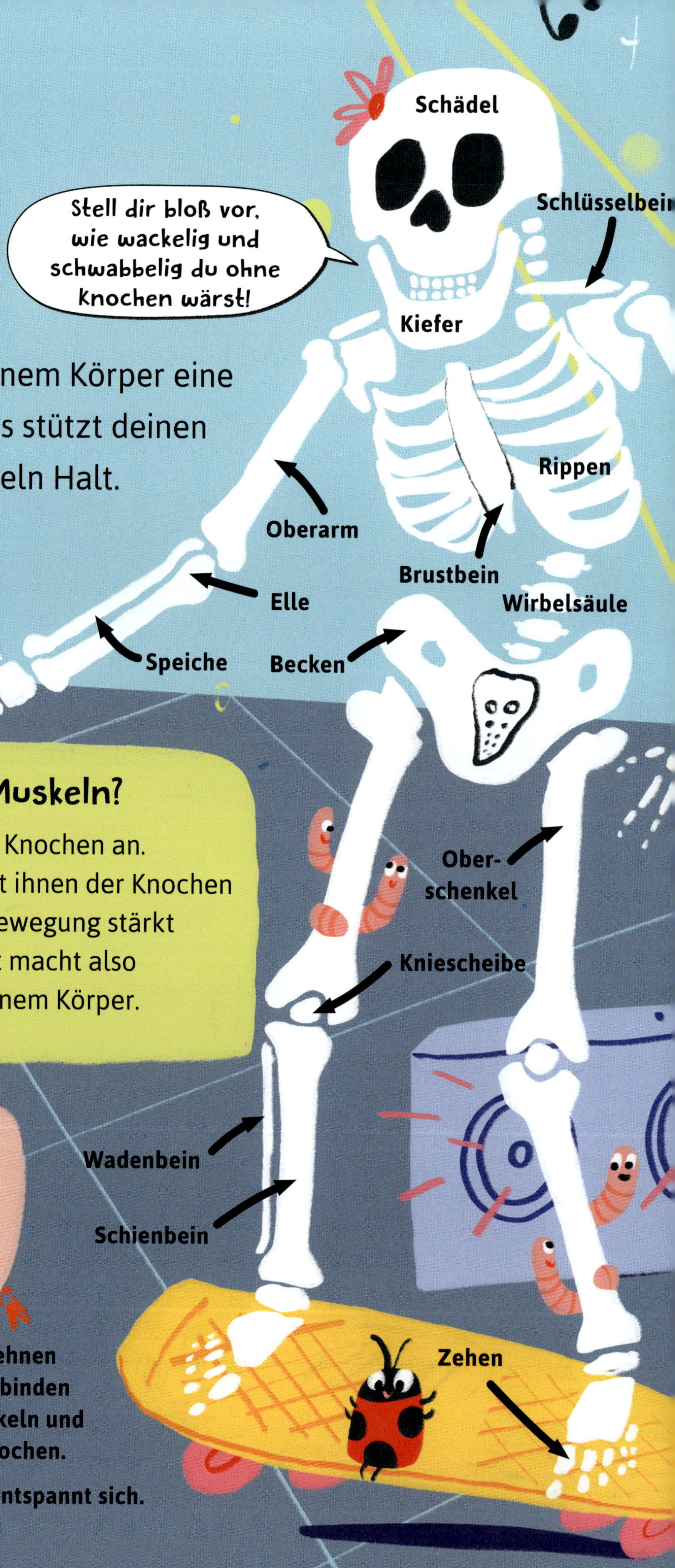

Wie bewegen mich die Muskeln?

Die meisten Muskeln setzen an Knochen an. Ziehen sie sich zusammen, folgt ihnen der Knochen und dein Körper bewegt sich. Bewegung stärkt wiederum deine Muskeln. Sport macht also nicht nur Spaß, er hilft auch deinem Körper.

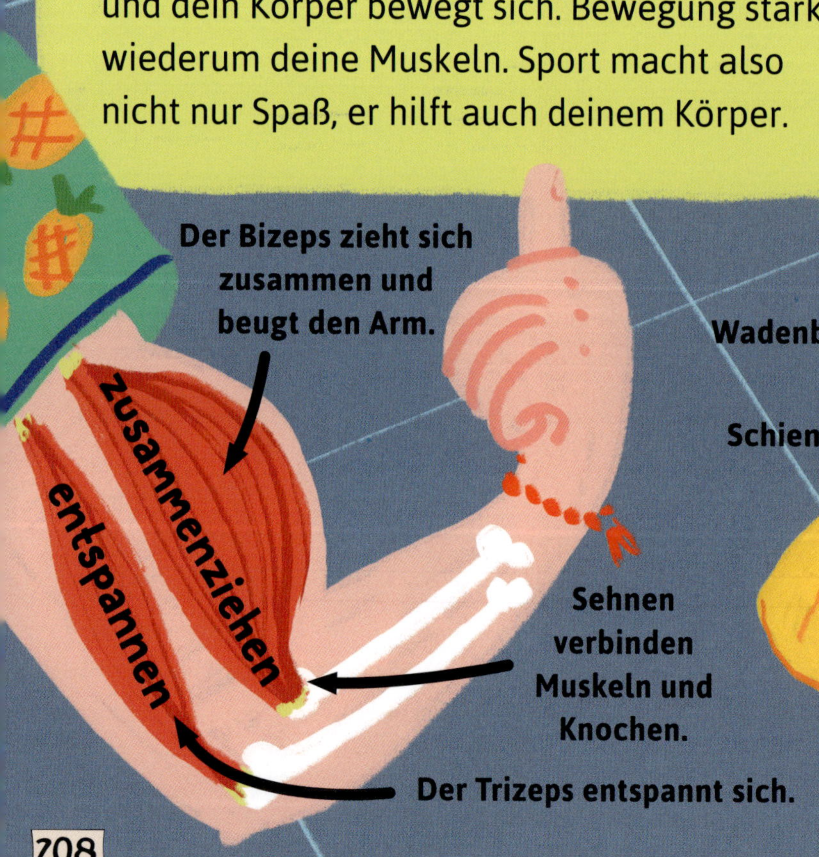

Welcher Muskel muss sich am meisten anstrengen?

Dein Herz arbeitet härter als alle anderen Muskeln. Es macht in deinem ganzen Leben keine Pause und pumpt ständig Blut durch deinen Körper.

Wie beugt und knickt sich der Körper?

Gelenke sind die Stellen, an denen Knochen aufeinandertreffen. Du hast sie zum Beispiel an den Knien, Ellbogen, Schultern und Füßen. Nur durch sie kannst du deinen Körper beugen, falten und auf viele andere Arten bewegen.

Beim Einatmen füllen sich deine Lungen mit Luft. Der Sauerstoff aus der Luft gelangt ins Blut und wird im ganzen Körper verteilt. Beim Ausatmen wird verbrauchte Luft wieder ausgestoßen.

Wie reist der Sauerstoff durch den Körper?

Er reist im Blut. Dieses fließt in dünnen Röhren, den Blutgefäßen. Sie erreichen alle Ecken und Winkel des Körpers, damit alle Zellen genügend Sauerstoff bekommen. Das System aus Herz und Blutgefäßen nennt man Blutkreislauf.

Blutgefäße

Warum klopft mein Herz?

Wenn du dich bewegst, schlägt dein Herz schneller. Es pumpt mehr Blut durch den Körper, sodass mehr Sauerstoff an die Muskeln geliefert wird. Um genügend Luft zu bekommen, musst du schneller atmen. Du gerätst aus der Puste.

Warum kann ich nicht unter Wasser atmen?

Weil du – anders als ein Fisch – keine Kiemen hast! Deine Lungen können Sauerstoff nur aus der Luft aufnehmen, Kiemen dagegen lösen ihn aus dem Wasser. Beim Tauchen musst du ab und an über Wasser Luft holen.

Warum bin ich kitzelig?

Wegen einem deiner Sinne: dem Tastsinn! Mit den fünf Sinnen erkundet dein Körper die Welt um dich herum. Die Sinne sammeln Informationen und schicken sie ans Gehirn.

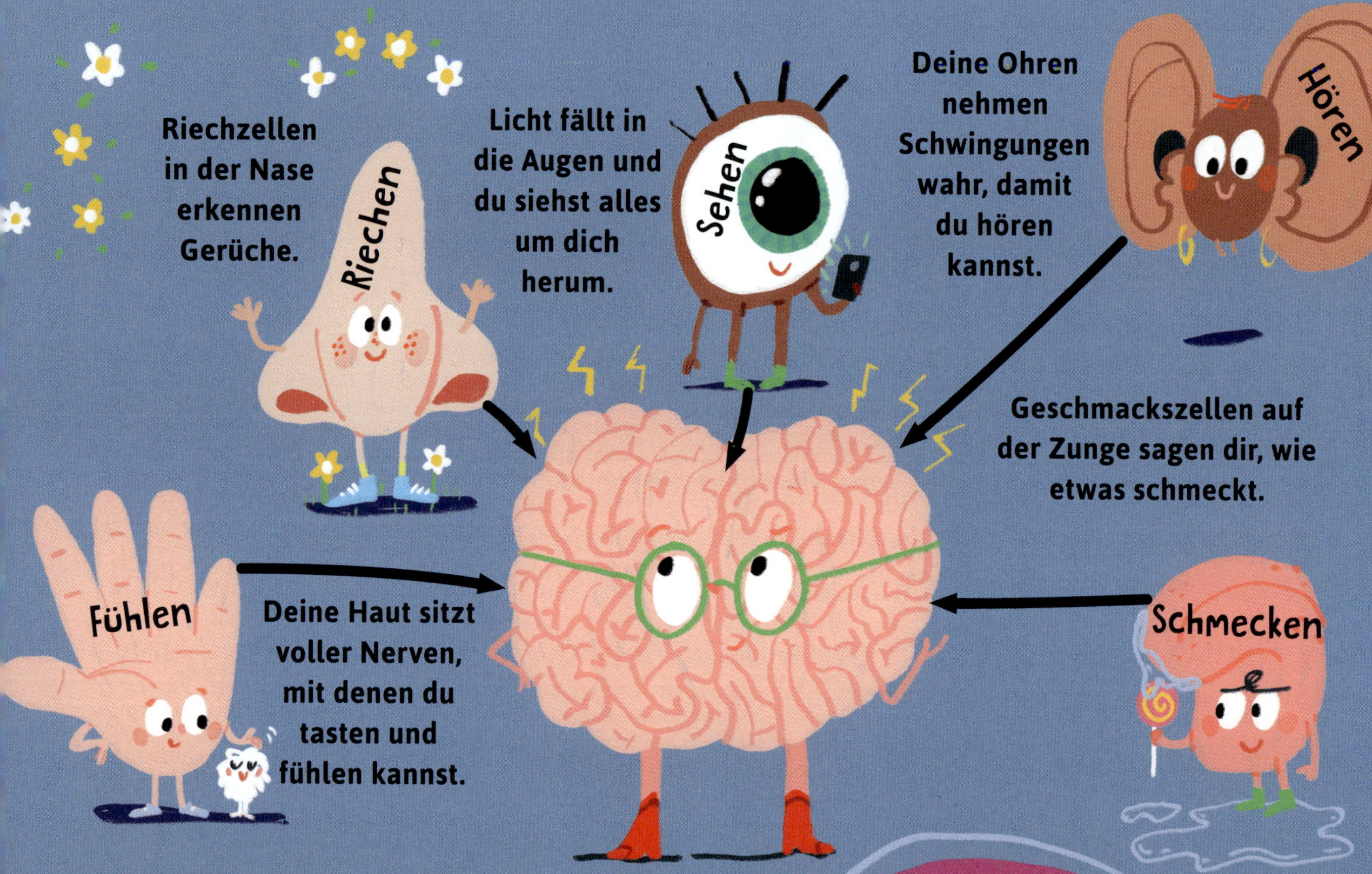

Warum kann ich nicht im Dunkeln sehen?

Weil zum Sehen Licht von einem Gegenstand in dein Auge fallen muss. Dort bündelt die Linse das Licht. Ein Nerv leitet die Informationen zum Gehirn, das ein Bild des Gegenstands entstehen lässt.

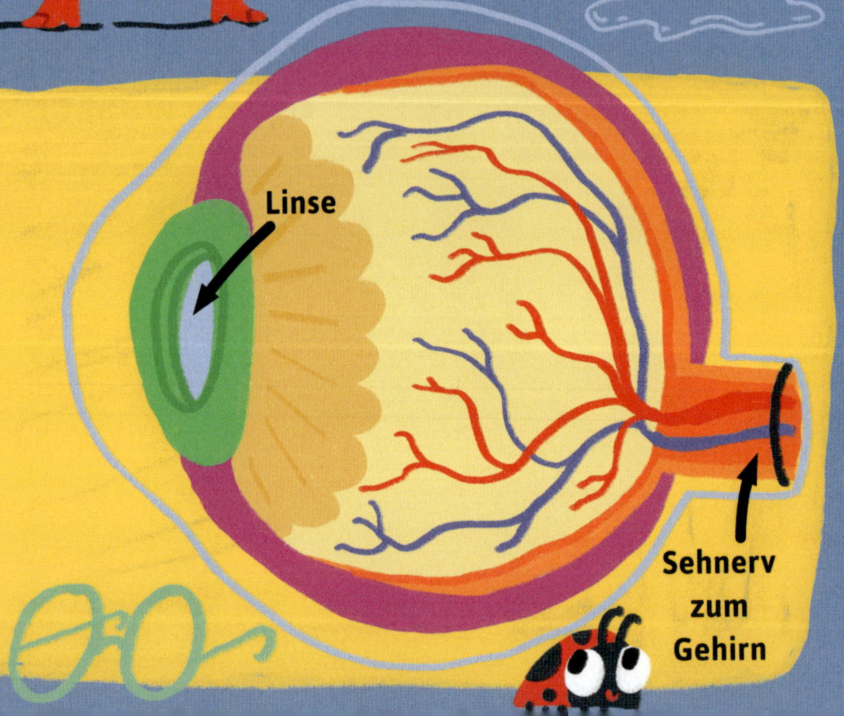

Warum haben Ohren so eine komische Form?

Die Form deines Ohrs fängt den Schall auf und lenkt ihn ins Innere. Im Innenohr werden die Signale von einem Nerv zum Gehirn geleitet. Nur das Hirn kann all die Geräusche verstehen.

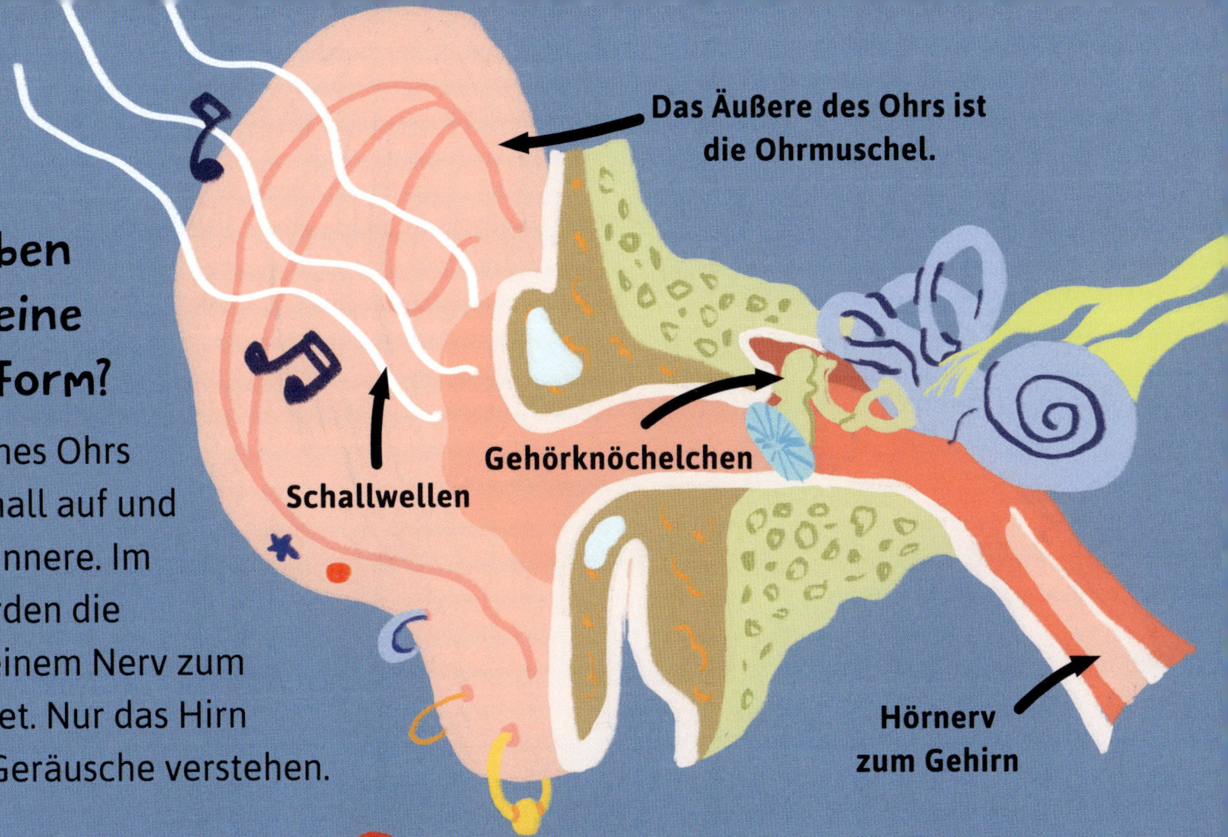

Wie kann ich riechen?

Deinen Geruchssinn verdankst du Zellen, die hoch oben in der Nase sitzen. Von jedem Ding, das du riechst, schweben winzige Teilchen zu diesen Zellen.

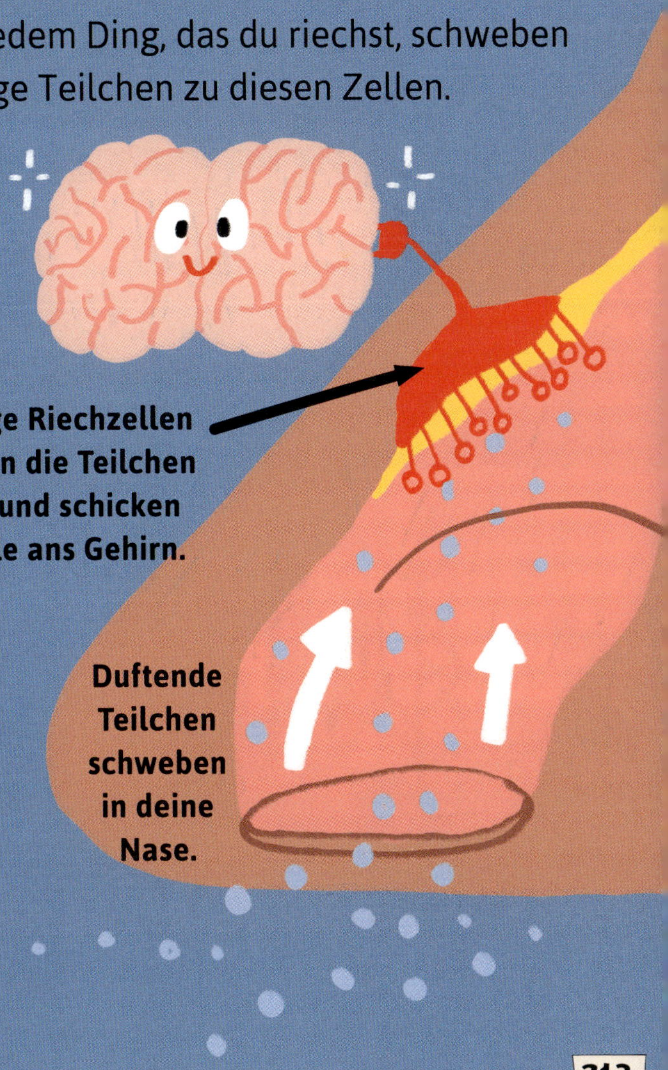

Wie schmecke ich mein Essen?

Auf der Zunge gibt es unzählige winzige Hügelchen, die Geschmacksknospen. Diese untersuchen die Einzelteile der Nahrung und senden alle Informationen ans Gehirn. Das Gehirn macht aus diesen Nachrichten einen Geschmack.

Schon gewusst?

Deine **Zähne** sind genauso kräftig wie die eines **Hais**. Aber weil du einen kleineren Kiefer hast, kannst du nicht so zubeißen wie ein Hai.

Babys können schon im Mutterleib hören, doch alle Geräusche von draußen klingen drinnen etwas **dumpf**.

Ein **Erwachsener** kann drei Wochen ohne **Nahrung** überleben, aber nur etwa vier Tage ohne **Wasser**.

Deine **Ohren** helfen dir dabei, das **Gleichgewicht** zu halten.

In **völliger Dunkelheit** könnten deine Augen das Licht einer Kerze erkennen, die 48 Kilometer weit weg brennt.

Einige Körperteile werden niemals erneuert. Der **Schmelz** auf den Zähnen muss etwa ein Leben lang halten.

Mit sechs Monaten waren deine **Augen** schon **zwei Drittel** so groß wie bei Erwachsenen.

Kinder können höhere Töne wahrnehmen als Erwachsene, zum Beispiel das Quietschen von **Fledermäusen** und **Ultraschall**-Hundepfeifen.

Nicht nur die **Fingerabdrücke** sind einmalig. Auch dein **Zungenabdruck**, dein **Geruch** und das Muster in der **Iris** (dem farbigen Ring im Auge) machen dich einzigartig.

Dein **Blut** entsteht in den **Knochen**.

Hat mein Gehirn das Kommando?

Egal, was du tust – sprechen, denken, dich bewegen –, alles wird von deinem Gehirn gesteuert.

Es empfängt Informationen

Ein Netz aus Nerven teilt deinem Gehirn mit, was überall im Körper geschieht. Das Hirn ist über das Rückenmark mit dem Körper verbunden.

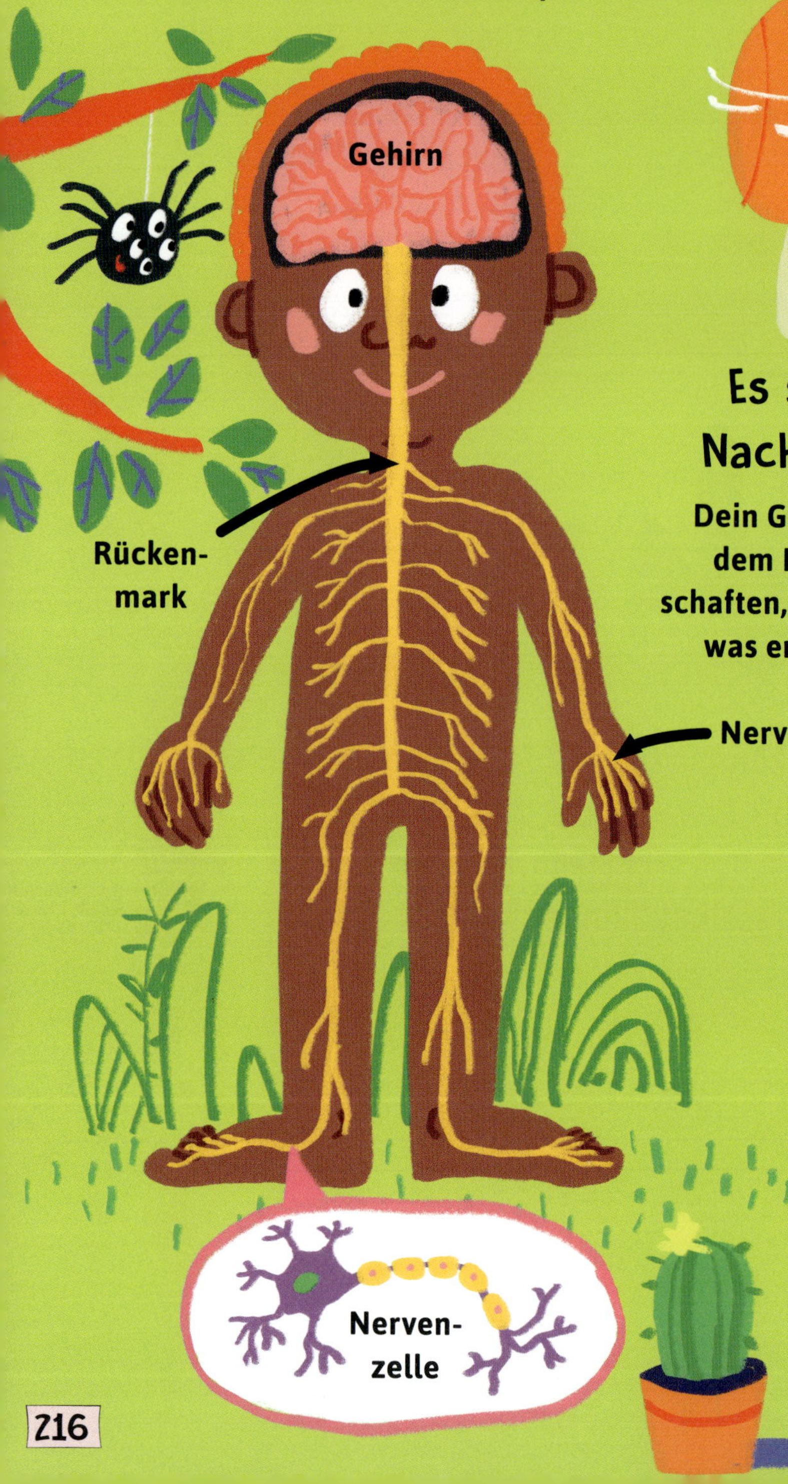

Es sendet Nachrichten

Dein Gehirn sendet dem Körper Botschaften, damit er weiß, was er zu tun hat.

Wofür sind Nerven gut?

Nerven bestehen aus Nervenzellen (Neuronen). Sie tauschen Informationen zwischen den Körperteilen und dem Gehirn aus. Wenn du etwas siehst, riechst, schmeckst oder hörst, wird diese Nachricht von den Nerven superschnell ans Gehirn geschickt.

5

Der Schädel und eine Schicht Flüssigkeit schützen das Gehirn.

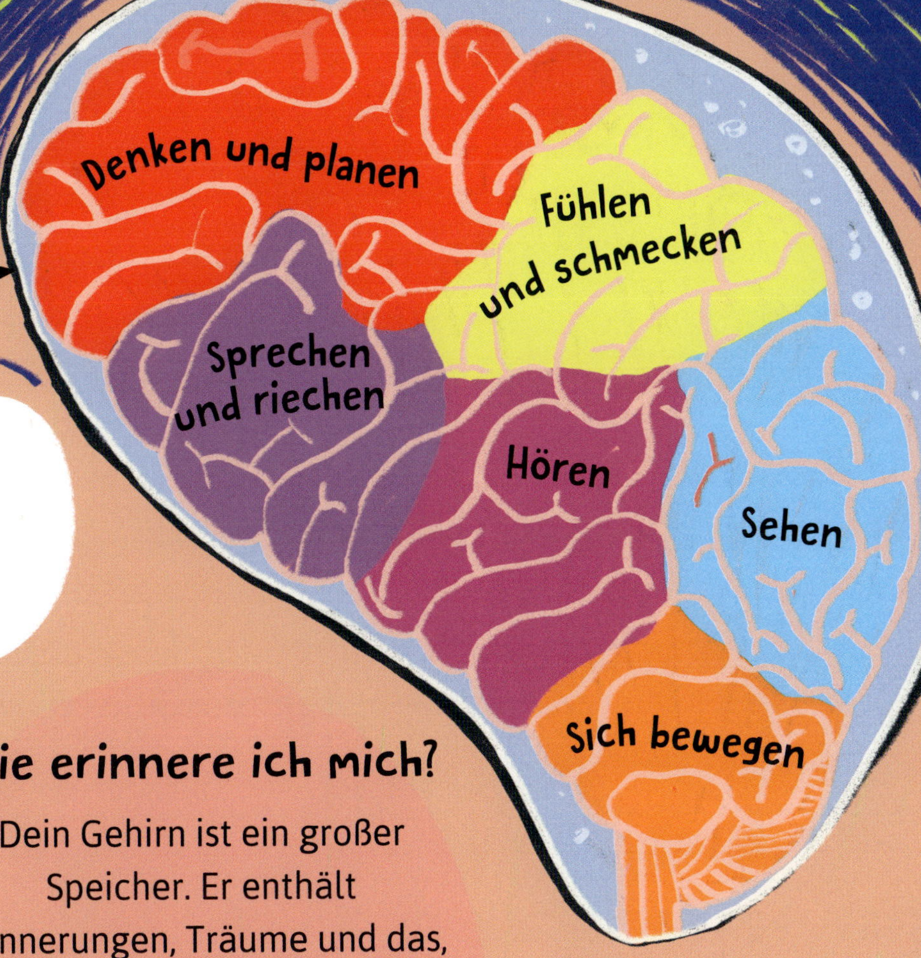

Die Regionen des Gehirns steuern unterschiedliche Fähigkeiten.

Wie erinnere ich mich?

Dein Gehirn ist ein großer Speicher. Er enthält Erinnerungen, Träume und das, was du in der Schule lernst. Manche Informationen werden nur ein paar Sekunden aufbewahrt, andere ein Leben lang.

Warum sagen wir Autsch?

Wenn du etwas Heißes berührst, schicken die Nerven ein Signal ans Rückenmark (1). Dieses antwortet sofort (2) und sagt der Hand über andere Nerven, dass sie sich wegbewegen soll (3). Eine langsame Nachricht geht gleichzeitig ans Gehirn (4). Dadurch fühlst du Schmerz und sagst Autsch.

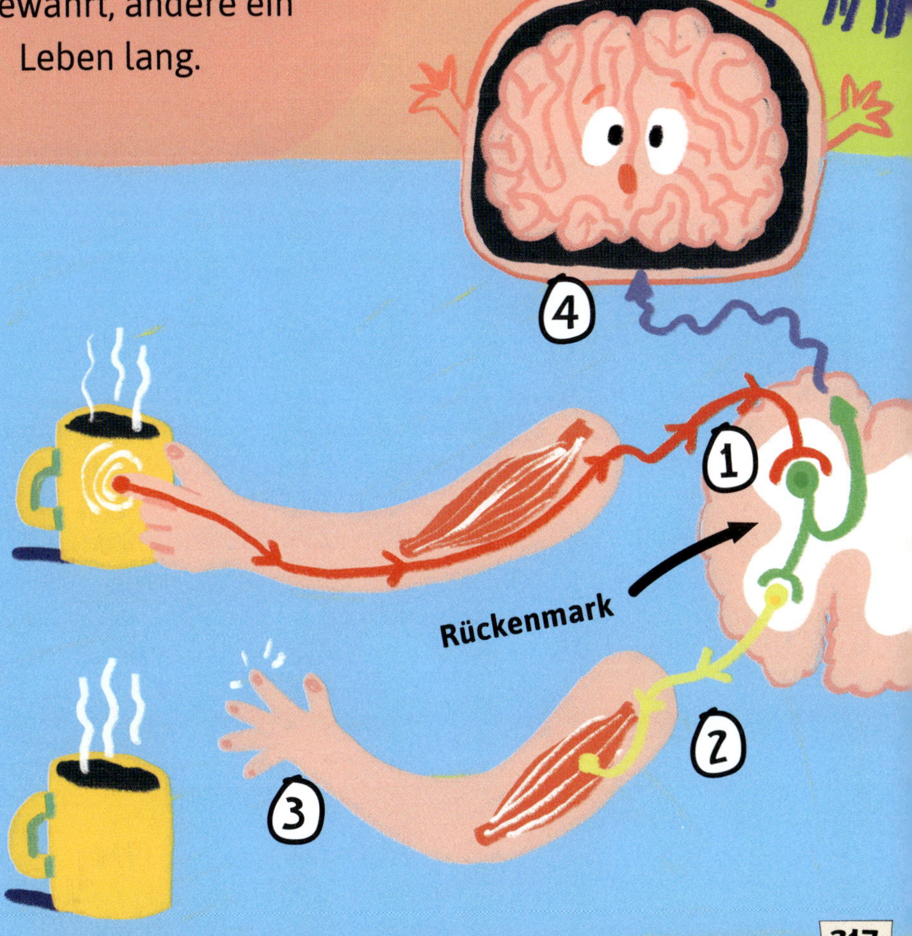

Warum schlafe ich?

Dein Körper nutzt den Schlaf gut: um Verletzungen zu heilen, zu wachsen, sich auszuruhen und zu verarbeiten, was du am Tag erlebt und gelernt hast. Niemand weiß ganz genau, wie der Schlaf funktioniert, aber es ist sicher, dass wir ohne ihn nicht leben könnten.

Können wir alle träumen?

Ja, aber nicht alle Menschen erinnern sich an ihre Träume. Die meisten haben pro Nacht drei bis fünf Träume. Auch Katzen und Hunde träumen!

Wovon Tiere träumen, weiß niemand!

Warum sind Träume so seltsam?

Während du schläfst, verarbeitet dein Gehirn Informationen. Dabei geraten neue Erlebnisse und alte Erinnerungen leicht durcheinander. Manche Leute glauben, in unseren Träumen verbergen sich geheime Botschaften.

Ein Traum kann 20 Minuten oder nur ein paar Sekunden dauern.

Wie viel Schlaf brauche ich?

Je nach Alter benötigen wir unterschiedlich viel Schlaf. Babys schlafen am längsten, Erwachsene viel weniger.

Lieber so oder so?

Möchtest du lieber **unter** Wasser atmen oder **auf** dem Wasser laufen können?

Hättest du lieber **Adleraugen** oder **Luchsohren**?

Hättest du lieber eine endlose **Zunge** oder superlange **Finger**?

Würdest du dir lieber lange **Fingernägel** oder langes **Haar** wachsen lassen?

Hättest du lieber superstarke **Knochen** oder unverletzbare **Haut**?

Hättest du lieber **Flügel** oder einen **Schwanz**?

Wärst du lieber **wabbelig** wie eine knochenlose Qualle oder **gepanzert** wie eine Schildkröte?

Wärst du lieber komplett **pelzig** oder vollkommen **kahl**?

Würdest du lieber sehr **schnell** oder sehr **lange** rennen können?

Hättest du lieber Augen am **Hinterkopf** oder an den **Fingerspitzen**?

Wo wachsen Babys heran?

Im Bauch der Mutter. Dort gibt es ein spezielles Körperteil namens Gebärmutter. Darin hat das Baby alles, was es bis zur Geburt braucht.

Über die Nabelschnur wandern Nährstoffe aus dem Essen der Mutter zum Baby.

Die Eizelle teilt sich wieder und wieder.

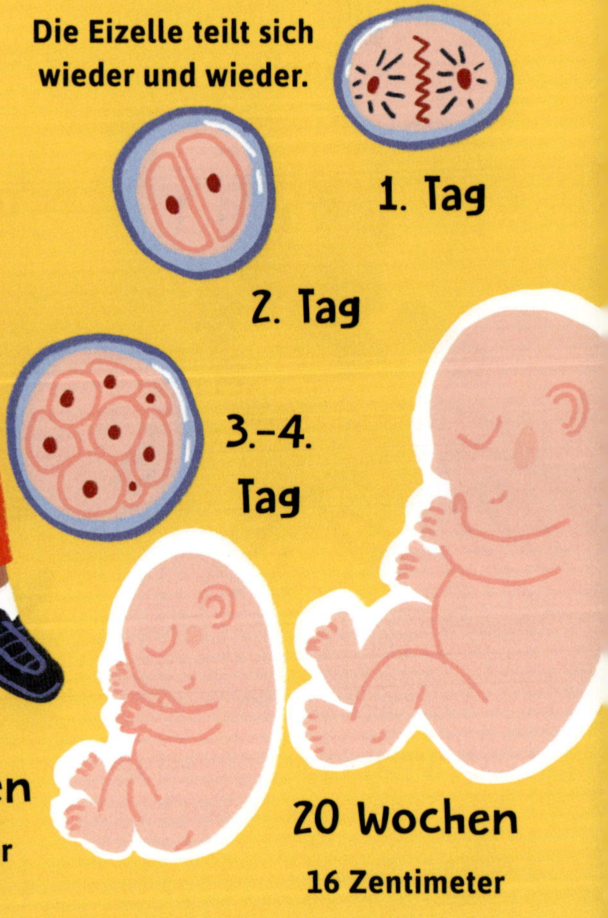

Wie schnell wächst das Baby?

Sehr schnell. Am Anfang ist es nur eine winzige Eizelle. Diese teilt sich in Billionen neue Zellen, die alle zusammen das Baby bilden. Nach neun Monaten ist es groß genug für die Geburt.

In der Gebärmutter schwimmen Babys in einer Flüssigkeit, die sie schützt.

Kann es auch mehr als ein Baby geben?

Ja. Wenn zwei Eizellen heranwachsen oder sich eine im richtigen Moment teilt, werden es Zwillinge. Zweieiige Zwillinge können verschieden aussehen, eineiige Zwillinge gleichen sich aufs Haar.

32 Wochen

42 Zentimeter

40 Wochen

51 Zentimeter

Warum schreien Babys?

Nach der Geburt können Babys nicht sprechen und nichts selbst tun. Wenn sie schreien, wollen sie ihren Eltern sagen, dass sie Hunger haben, dass ihnen kalt ist oder die Windel gewechselt werden muss.

Wachse ich immer weiter?

Du wächst von der Geburt bis ins späte Teenager- oder frühe Erwachsenenalter. Ein Baby verdreifacht sein Gewicht schon im ersten Jahr. Mit der Zeit wird das Wachstum aber immer langsamer.

Wie werde ich größer?

In deinen Knochen wächst eine weiche Masse, der Knorpel, heran und verlängert ihn. Dann härtet der Knorpel aus und wird zu Knochen.

Warum muss man Haare schneiden?

Deine Haare wachsen dein ganzes Leben lang, also muss man sie schneiden. Das Haar verlängert sich in einem winzigen Loch in der Kopfhaut, dem Haarfollikel. Das, was vom Haar herunterhängt, ist aber schon tot. Deswegen tut Haareschneiden auch nicht weh.

Schrumpfen wir, wenn wir alt werden?

Ja! Die Knochen der Wirbelsäule werden mit den Jahren zusammengedrückt. Bei manchen älteren Menschen wird der Rücken auch krumm und sie gehen gebückt. Dadurch wirken sie noch kleiner.

Fragen über Fragen

Was ist eine Gänsehaut?

Wenn du frierst oder Angst hast, richten winzige Muskeln die Haare auf deiner Haut auf. Dabei entstehen winzige Erhebungen, das ist die Gänsehaut.

Warum fallen die Milchzähne aus?

Milchzähne sind nur für den Anfang gedacht. Du behältst sie so lange, bis dein Mund groß genug für die bleibenden Zähne ist. Die 20 Milchzähne werden durch größere, stärkere Zähne ersetzt.

Was ist ein Schluckauf?

Er entsteht, wenn der große Muskel im Brustraum sich plötzlich zusammenzieht. Dabei verschließt er die Öffnung zwischen den Stimm-lippen – und das klingt wie Hicks!

Warum lieben wir Zucker, obwohl er ungesund ist?

Vor Millionen von Jahren war süßes Obst für unsere Vorfahren überlebenswichtig. Also haben wir uns an den zuckrigen Geschmack gewöhnt.

Wieso muss man gähnen?

Das weiß niemand so genau. Vielleicht ist Gähnen ein Mittel, um rasch eine Menge Sauerstoff in den Körper zu befördern.

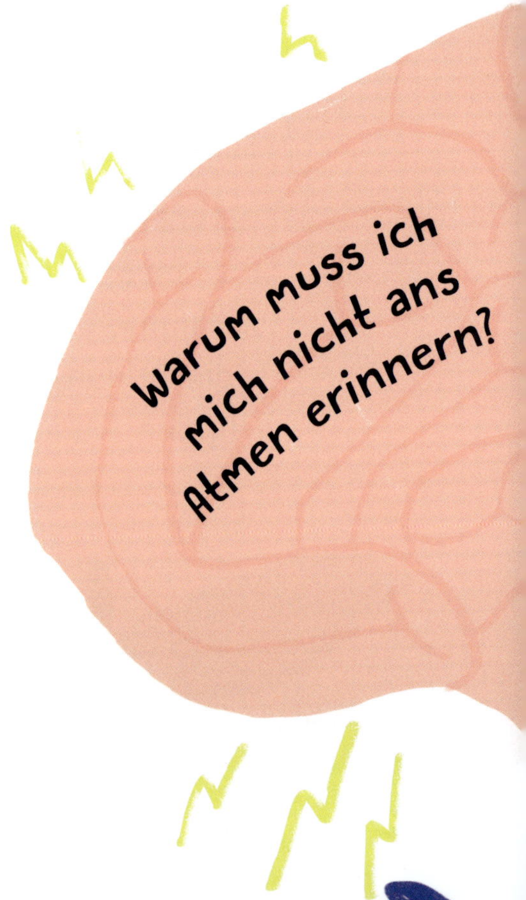

Warum muss ich mich nicht ans Atmen erinnern?

Warum bekommt man Falten?

Mit dem Alter wird die Haut weniger elastisch. Nach einer Bewegung – zum Beispiel einem Lächeln – springt sie nicht mehr ganz so einfach in ihre glatte Form zurück.

Warum ist Blut rot?

Im Blut befindet sich ein Stoff, der Sauerstoff durch den Körper transportiert, und der enthält Eisen. In Verbindung mit Sauerstoff wird Eisen rötlich.

Wie entsteht Schorf?

Wenn du blutest und Blut an die Luft gelangt, gehen Zellen namens Blutplättchen kaputt. Sie verbinden sich mit einem speziellen Bluteiweiß zu einer zähen Masse, dem Schorf.

Viele Dinge im Gehirn laufen automatisch ab, du musst nicht extra daran denken. Dazu gehören zum Beispiel das Atmen und die Verdauung.

Wozu habe ich einen Bauchnabel?

Als ungeborenes Baby warst du durch eine Leitung namens Nabelschnur mit deiner Mutter verbunden, so bekamst du Nährstoffe und Sauerstoff. Der Bauchnabel ist der letzte Rest davon.

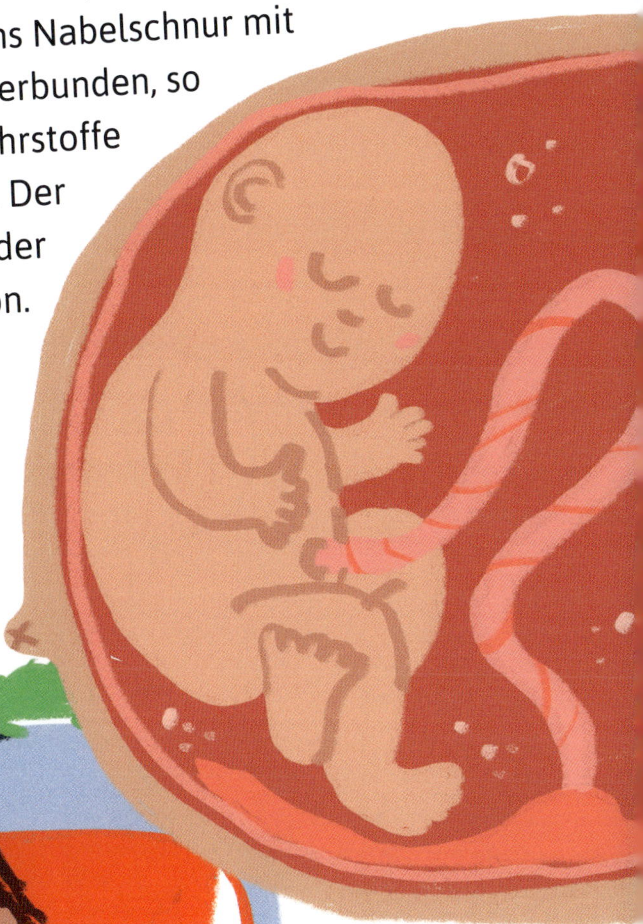

Warum schlafe ich mehr, wenn ich krank bin?

Die Krankheit zu bekämpfen, verbraucht eine Menge Energie. Um Energie zu sparen, schickt dein Körper dich ins Schlummerland.

Was ist deine Lieblingsblume?
Baum oder Samenkorn – was wärst du lieber?
Hast du schon mal einen Baum umarmt?

Hast du schon mal einen Samen wachsen lassen?
Fledermaus oder Biene, wer soll deine beste Freundin sein?

PFLANZEN

Wärst du lieber eine Raupe oder ein Schmetterling?
Welches Obst oder Gemüse isst du am liebsten?

Was ist eine Pflanze?

Pflanzen sind Lebewesen, die all das hier tun:

1 Neue Pflanzen bilden

Pflanzen bekommen zwar keine Babys, aber auch sie können Nachkommen haben, die ihnen aufs Haar ähneln! Man nennt das **Fortpflanzung** und bei Pflanzen passiert es meist durch Samen.

2 Atmen

Durch winzige Löcher in den Blättern können Pflanzen **atmen**.

3 Abfälle loswerden

Pflanzen sind einfach großartig: Beim Atmen entsteht als **Abfall** das Gas Sauerstoff – und genau das brauchen wir zum Leben!

④ Ihre Sinne benutzen

Pflanzen können Licht wahrnehmen, fühlen, riechen, hören und …

⑤ … sich bewegen

Pflanzen **bewegen** ihre Blätter zur Sonne. Auch Samen **bewegen** sich, manche fliegen – vom Wind getragen – weit fort.

⑥ Futtern

Manche Pflanzen futtern Insekten, aber die meisten machen ihre **Nahrung** selbst. Nur so können sie …

⑦ … wachsen

Selbst der größte Baum beginnt sein Leben als kleines Samenkorn. Dann beginnt er zu wachsen und sich zu verändern.

Haben Pflanzen Hunger?

Nicht so wie Tiere, nein, aber Nahrung brauchen sie trotzdem. Tiere fressen ihre Nahrung. Pflanzen dagegen stellen alles, was sie brauchen, selbst her.

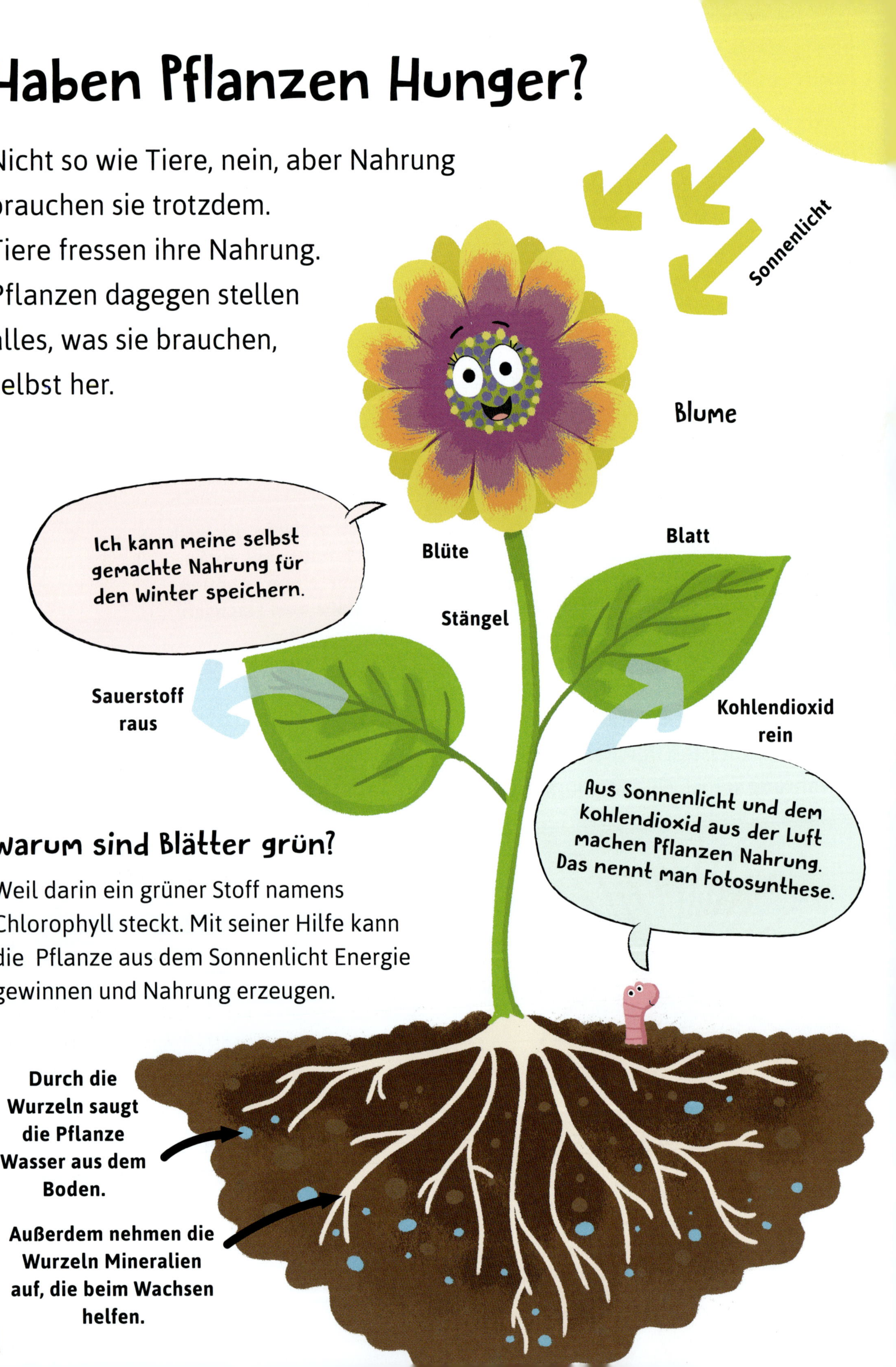

Warum sind Blätter grün?

Weil darin ein grüner Stoff namens Chlorophyll steckt. Mit seiner Hilfe kann die Pflanze aus dem Sonnenlicht Energie gewinnen und Nahrung erzeugen.

Wie machen Pflanzen alle Welt satt?

Pflanzen stehen am Anfang der Nahrungskette. Dieses Wort beschreibt, dass Lebewesen sich gegenseitig auffuttern. Tiere fressen Pflanzen – Früchte, Gemüse, Nüsse und Samen – und manchmal auch andere Tiere.

In der Nahrungskette werden Energie und Nährstoffe von einem Lebewesen zum anderen weitergereicht.

Warum verlieren Pflanzen ihre Blätter?

Im Herbst färben sich die Blätter vieler Pflanzen bunt und fallen ab. So kann die Pflanze leichter Wasser und Energie für den Winter speichern. Im nächsten Frühjahr wachsen wieder neue Blätter.

Schon gewusst?

Solarpaneele ähneln **Blättern**: Sie machen ebenfalls Energie aus Sonnenlicht. Wir Menschen erzeugen so elektrischen Strom.

Pflanzen sind cool! Immer wenn sie **Sonnenlicht** aufnehmen, kühlen sie die Luft. So wird die Erde nicht zu heiß.

Bananen zu essen macht glücklich! Die Nährstoffe in der Banane fördern Schlaf und Wohlbefinden.

Mimosen sind schüchtern. Wenn man sie berührt, rollen sie ganz schnell ihre Blätter ein und werden nicht gefressen – clever!

Wenn sie **Raupen** kauen hören, stellen manche Pflanzen sofort Bitterstoffe her. Die verderben den Raupen den Appetit.

Aronstab-Pflanzen haben die größten Blätter. Die herzförmigen Blätter von manchen Arten werden über drei Meter breit!

Ein **Elefant** verputzt jeden Tag 200 Kilogramm Pflanzen.

Manche **Blumen** ändern ihre Farbe, je nachdem, wie sehr die Sonne scheint.

Pflanzen haben zwar keine Nase, aber riechen können manche doch. **Teufelszwirn** wächst auf anderen Pflanzen. Er erschnuppert seinen Lieblingsgastwirt und wächst zu ihm hin.

Welche Pflanzen schnappen, kleben und kauen?

Einige Pflanzen stellen ihre Nahrung nicht bloß aus Sonnenlicht her. Fleischfressende Pflanzen verspeisen zum Beispiel andere Lebewesen.

Wie fangen Pflanzen Insekten?

Die Blätter der Venusfliegenfalle haben die Form von zwei Schalen. Darauf sitzen viele feine Haare. Krabbelt eine Spinne, ein Käfer oder eine Fliege darüber, schnappt die Falle zu! Das Krabbeltier ist gefangen und kann nicht hinaus.

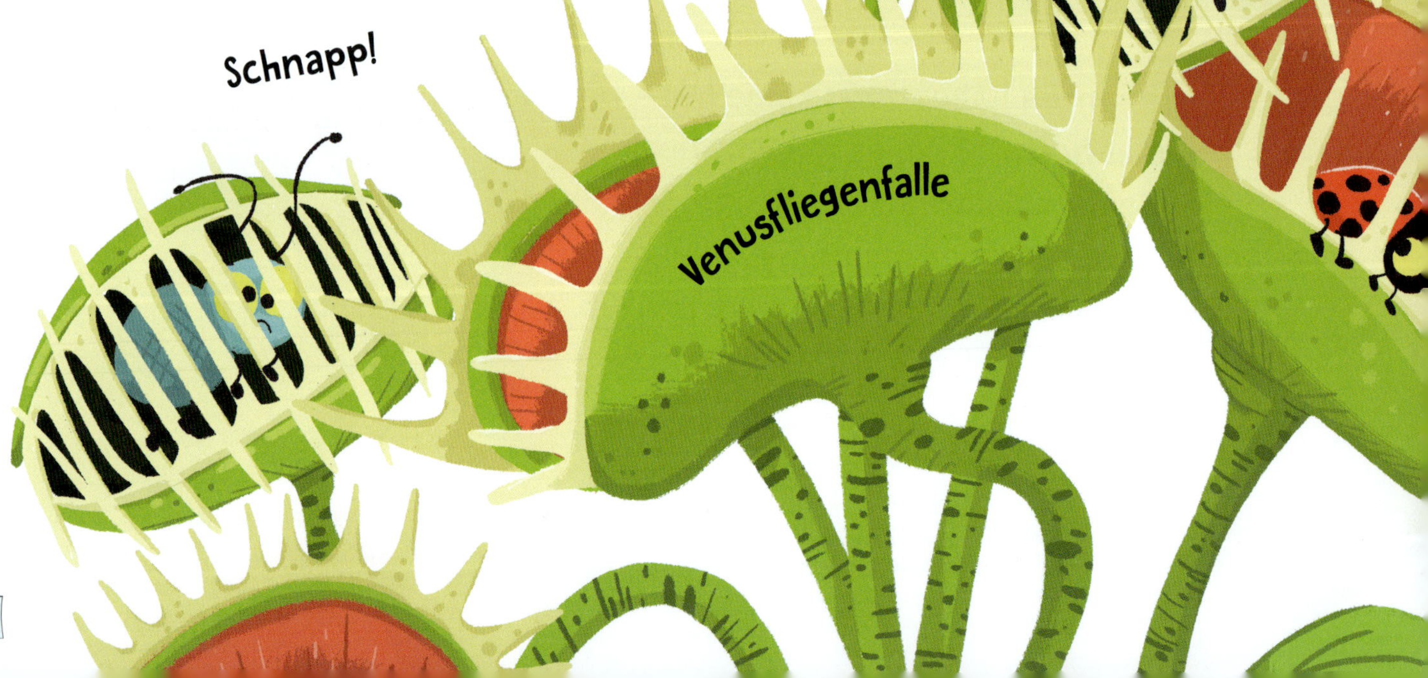

Welche Pflanzen ertränken ihr Futter?

Kannenpflanzen haben Blätter in Form einer tiefen Kanne, die mit Wasser gefüllt ist. Kleintiere werden vom Duft der Pflanze angelockt und fallen hinein. Oft ertrinken sie.

Manche Kannenpflanzen sind so groß, dass sie Mäuse und Frösche fangen können.

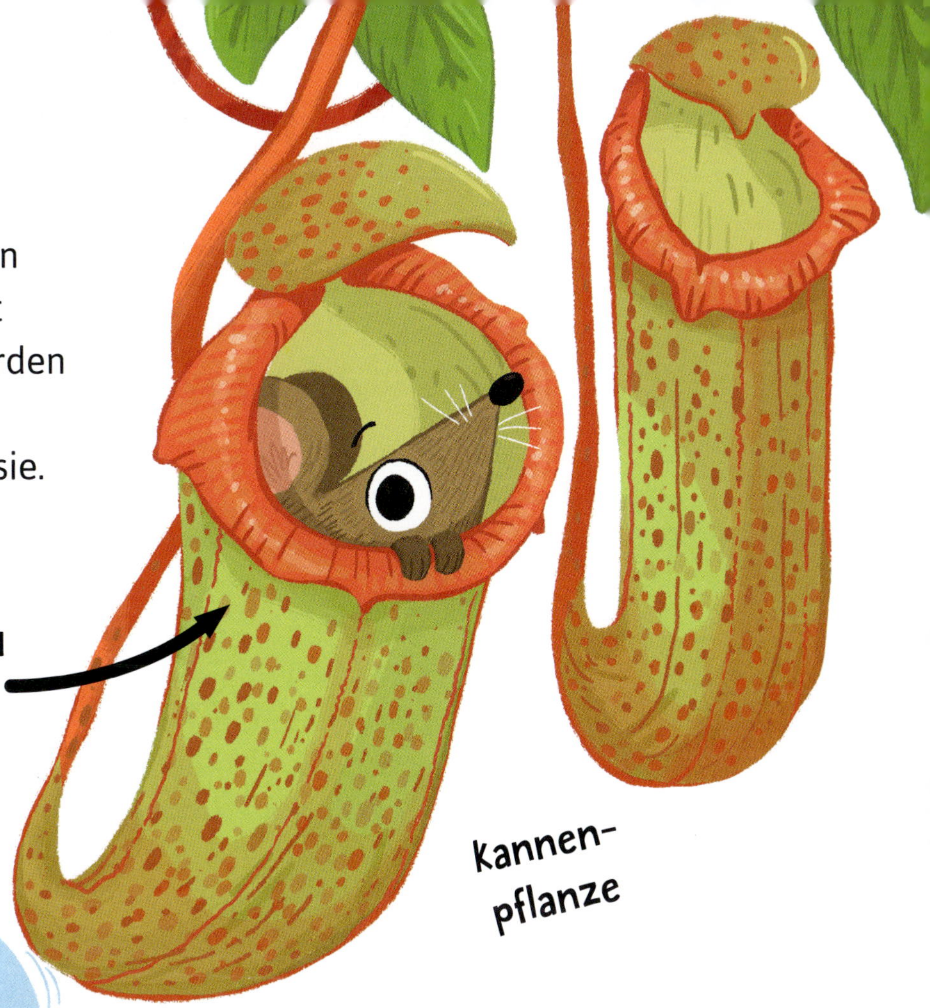

Welche Pflanze lockt mit Klebstoff?

Am Sonnentau leuchten rote Tropfen, die für Insekten einfach köstlich aussehen. Doch wenn ein Krabbeltier darauf landet, klebt es fest. Die Pflanze faltet sich zusammen und verdaut den saftigen Bissen. Mjam!

Warum sind Blüten so schön?

Farbe, Duft und Form der Blüten locken Insekten an. Setzen sie sich in eine Blüte, bleibt Pollen an den Insekten kleben. Den tragen sie dann zu anderen Blüten und so sorgen sie für Pflanzennachwuchs.

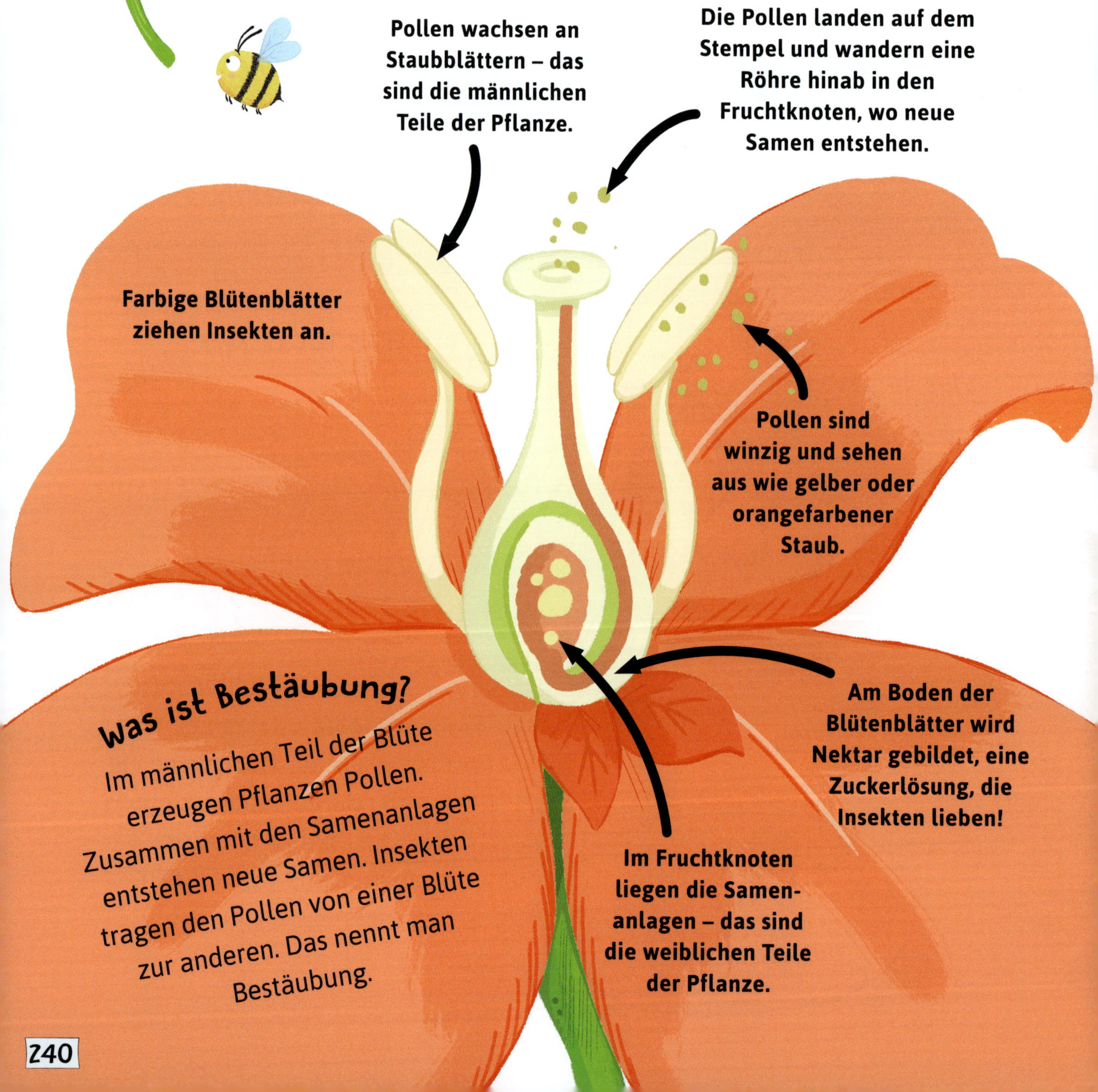

Was ist Bestäubung?

Im männlichen Teil der Blüte erzeugen Pflanzen Pollen. Zusammen mit den Samenanlagen entstehen neue Samen. Insekten tragen den Pollen von einer Blüte zur anderen. Das nennt man Bestäubung.

Wozu tragen Bienen Körbe?

Bienen haben an ihren Beinen Vertiefungen namens Körbchen, in denen sie Pollen sammeln.

Wozu brauchen Bananen Fledermäuse?

Bananen-, Kakao- und Mangobäume werden von Fledermäusen bestäubt. Beim Trinken von Blütennektar bleibt der Pollen im Fell hängen und sie tragen ihn von Pflanze zu Pflanze. Auch Vögel und Falter sind fleißige Bestäuber.

Wie viele ...?

Die höchste Blütenpflanze der Welt ist ein australischer Eukalyptusbaum mit Namen Centurion. Er ist **100** Meter hoch!

1

So viele Tage braucht ein Heuschreckenschwarm, um 190.000 Tonnen Pflanzen zu futtern.

2.000

So viele Jahre war ein von Forschern entdecktes Samenkorn alt. Sie pflanzten es ein und es wuchs ein prächtiger Magnolienbaum!

Gerade mal **1/50** Sekunde braucht ein Wasserschlauch (eine fleischfressende Wasserpflanze), um eine Mückenlarve zu fangen.

150 Jahre – so alt muss eine Riesenbromelie werden, bevor sie die erste Blüte bekommt. Danach stirbt sie.

Eine Venusfliegenfalle verdaut eine Fliege bis zu **10** Tage lang.

Ein Saguarokaktus wächst in zehn Jahren nur **4** Zentimeter. Bambus schafft 90 Zentimeter an einem einzigen Tag!

200

So viele Liter Wasser braucht eine Maispflanze zum Wachsen – weit mehr als eine Badewanne voll!

500 Pflanzenarten werden von Fledermäusen bestäubt.

Im Amazonas-Regenwald wachsen mehr als **12.500** Baumarten.

Warum sind Tomaten rot?

Mit ihrer roten Farbe zeigen Tomaten und andere Früchte hungrigen Tieren, dass sie reif genug zum Essen sind.

Achtung!

Früchte und Samen darfst du nur probieren, wenn dir jemand gesagt hat, dass sie essbar sind.

Warum gibt es Früchte?

Früchte bilden sich um die Samen einer Pflanze herum, um sie zu beschützen.

Kann ein Samen in meinem Bauch keimen?

Nein, Samen können weder in dir noch in Tieren zu wachsen anfangen, denn dafür brauchen sie Erde, Wasser und Sauerstoff.

Wasser dringt in den Samen ein und er schwillt an.

Im Samen befindet sich Nahrung für die Jungpflanze.

Warum sind Nüsse hart?

Nüsse sind harte, holzige Früchte. Die harte Schale schützt den Samen und es ist leichter, ihn sicher an neue Orte zu bringen.

Hat der Diplodocus Blüten gefuttert?

Nein, denn der Diplodocus – ein riesiger pflanzenfressender Dino – lebte vor 150 Millionen Jahren. Damals gab es noch keine Blüten. Andere Pflanzen, zum Beispiel Farne, futterte er gern!

Haben alle Pflanzen Blüten?

Nein. Es gibt ungefähr 382.000 Pflanzenarten und die meisten haben Blüten – aber nicht alle! Die ersten Knospen blühten vor etwa 130 Millionen Jahren auf. Vorher gab es aber schon Farne, Moose und Nadelbäume.

Die winzigsten Farne sind kleiner als dein Daumennagel, die größten 25 Meter hoch!

Was ist eine immergrüne Pflanze?

Eine, die ihre Blätter das ganze Jahr über behält. Die meisten Nadelbäume sind immergrün und haben eine dreieckige Form. Das ist perfekt an kalten Orten, denn so kann Schnee von den Ästen rutschen, ohne dass sie brechen.

Die Samen von Nadelbäumen wachsen in Zapfen heran, nicht in Blüten oder Früchten.

Können Pflanzen auch im Meer wachsen?

Im Meer gibt es kaum echte Pflanzen, dafür aber Algen. Der Riesentang, auch Kelp genannt, wird über 40 Meter lang und wächst in regelrechten Wäldern unter Wasser.

Wie können sich Pflanzen verteidigen??

Viele Tiere wollen Pflanzen fressen und das ist für unsere grünen Freunde nicht ungefährlich. Sie verteidigen sich gegen Angreifer zum Beispiel mithilfe von Dornen oder Gift.

Wessen Umarmung ist tödlich?

Achtung!

Beeren darfst du nur probieren, wenn dir jemand gesagt hat, dass sie essbar sind.

Warum sind manche Beeren tödlich?

Beeren sehen so lecker aus! Trotzdem enthalten manche Gift, damit Tiere sie nicht fressen. Schwarze Tollkirsche und Fingerhut können dein Herz zum Stillstand bringen, aber Ärzte können sie auch als Medikament einsetzen.

Wozu sind Stacheln und Dornen da?

Pflanzen mit Stacheln oder Dornen werden nicht so leicht von Tieren angeknabbert.

Warum brennen Brennnesseln?

Brennnesseln besitzen winzige Brennhaare, die mit Säure gefüllt sind. Berührst du sie, dringt das Brennhaar in die Haut ein und du bekommst eine Säurespritze.

Lieber so oder so?

Würdest du lieber unter einer **Palme** liegen, wo dir eine Kokosnuss auf den Kopf fallen könnte, oder zwischen **Mangroven** schwimmen, wo junge Krokodile leben?

Möchtest du lieber **Pflanzen** wachsen oder **Regen** vom Himmel fallen lassen?

Bettzeit! Möchtest du dich lieber mit einer **Weißen Fledermaus** in ihr Blätterzelt kuscheln ...

... oder mit einer **Zwergmaus** in ihr Grasnest ?

Möchtest du lieber **Insekten** futtern wie die Venusfliegenfalle ...

Möchtest du lieber wie eine **Zypresse** Hunderte von Jahren alt werden ...

... oder wie eine **Sonnenblume** bis zu neun Meter groß?

... oder **Frösche** wie eine Kannenpflanze?

Möchtest du lieber **Kaffee** trinken, bei dem das große Geschäft von Fleckenmusangs eine wichtige Rolle spielt, oder stinkende **Durianfrüchte** essen?

Warum haben Giraffen so lange Zungen?

Giraffen wickeln ihre langen, kräftigen Zungen um die Zweige von Akazien und futtern deren Blätter. Die Akazien wollen aber gar nicht gefressen werden, daher locken sie mit leckerem Nektar auch beißende Ameisen an.

Warum stinkt die Durianfrucht?

Die große, stachelige Durianfrucht riecht so stark, damit Tiere sie leicht finden und futtern können. Machen sie später ein großes Geschäft, dann verbreiten sie die Samen der Frucht in der Umgebung.

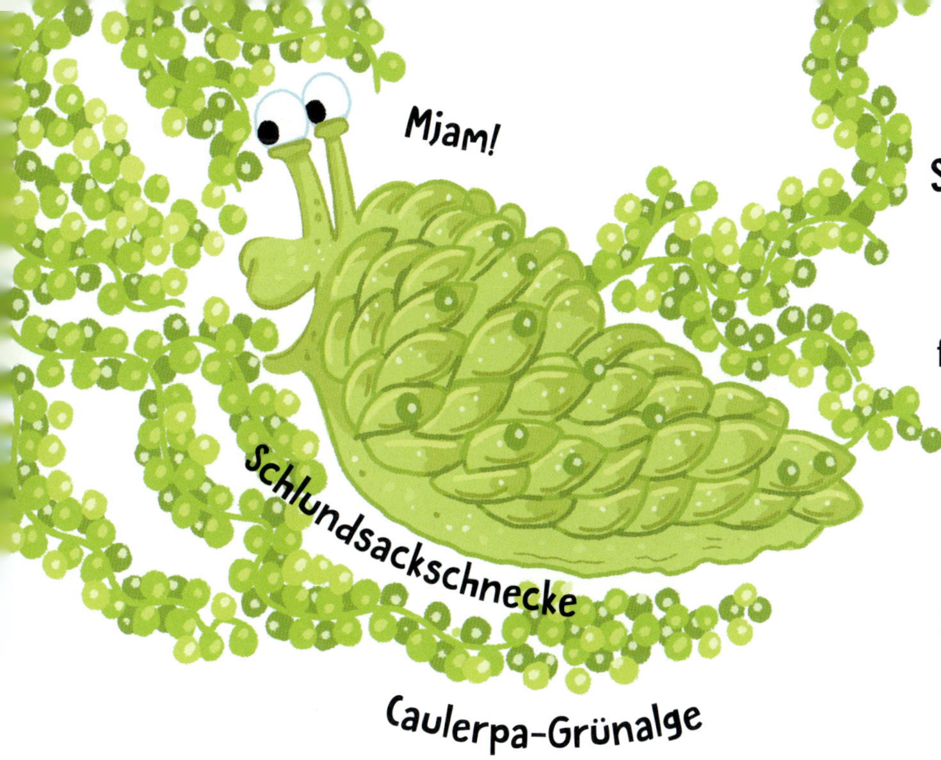

Warum verkleiden sich Schnecken als Pflanzen?

Diese Meeresschnecke sieht genauso aus wie ihr Lieblingsfutter, eine Caulerpa-Grünalge. Das Algenfutter färbt die Schnecke grün und sie lässt sich sogar grüne Beulen auf dem Rücken wachsen, um sich zwischen den Algen zu tarnen.

Welche Pflanze stinkt nach uralten Socken?

Viele Pflanzen riechen schlecht, etwa wie ungewaschene Strümpfe, aber manche Tiere lieben sie trotzdem! Aronstabgewächse zum Beispiel riechen oft nach Gammelfleisch, um Fliegen anzulocken. Diese dienen als summende Bestäuber.

Wie groß ist der größte Baum?

Der größte Baum der Welt ist ein Küstenmammutbaum in Kalifornien (USA). Er heißt Hyperion und ist größer als ein Haus mit 27 Stockwerken! Hyperion ist 116 Meter hoch und wird jedes Jahr vier Zentimeter größer. Wie viel bist du im letzten Jahr gewachsen?

Warum sollte ich einen Baum umarmen?

Um herauszufinden, wie dick und alt er ist. Mit dem Alter werden Bäume nicht nur höher, ihr Stamm wird auch breiter. Wenn ihr eine Eiche nur mit sechs oder mehr Kindern umarmen könnt, dann ist sie uralt.

Sind Pilze auch Pflanzen?

Nein, Pilze sind eine eigene Gruppe Lebewesen, genau wie Pflanzen und Tiere. Sie wachsen zum Beispiel auf toten Bäumen. Das Holz ist ihre Nahrung.

Wer klopft denn da?

Im verrotteten Baum stupst ein Bunter Pochkäfer seinen Kopf gegen das Holz, um eine Partnerin anzulocken. Tote Bäume sind für Insekten ein prima Ort, um eine krabbelige Familie zu gründen.

Wer liebt Pflanzen?

Aus **Holz** machen wir Papier und Pappe. Auch dieses Buch wurde aus **Bäumen** gemacht!

Aus vielen Pflanzen – etwa Sonnenblumen, Oliven und Sojabohnen – kann man **Öl** pressen und damit **kochen**.

Kautschukbäume liefern den Grundstoff für **Gummi**, aus dem man Reifen und Stiefel macht.

Aus **Holz** können wir auch **Möbel** bauen.

Holz wird verbrannt, um zu **kochen** und zu **heizen**.

Tote Pflanzen können auf dem **Komposthaufen** verrotten. So bringen sie wieder Nährstoffe für neue Pflanzen in den Boden ein.

Pflanzen nehmen Kohlendioxid auf und halten **die Erde kühl.** Sie kämpfen mit uns gegen den Klimawandel!

Um die Samen der **Baumwollpflanze** wachsen weiche Samenhaare. Daraus macht man erst Baumwollstoff und schließlich **Kleidung**.

Wissenschaftler stellen aus Pflanzen **Medikamente** gegen Krankheiten her.

Fragen über Fragen

Können Pflanzen schreien?

Nein, aber früher glaubten die Menschen, dass die Alraune schreit, wenn man sie aus der Erde zieht. Wer den Schrei hörte, sollte tot umfallen!

Warum zählt man Ringe im Holz?

Ein Baum bekommt jedes Jahr einen neuen Ring. Zählst du die Ringe an einem Baumstumpf, weißt du, wie alt der Baum war!

Wie helfen Piranhas den Regenwäldern?

Manche Piranhas fressen Früchte, die von Regenwaldbäumen ins Wasser fallen. Wenn sie die Samen wieder ausgeschieden haben, können neue Bäume wachsen.

Können Pflanzen im Weltraum überleben?

Ja. Auf der Internationalen Raumstation ISS haben Forscher schon Salat, Erbsen und Zucchini angebaut.

Warum fressen Raupen giftige Blätter?

Die Raupen des Monarchfalters fressen giftige Seidenpflanzen und lagern das Gift in ihrem eigenen Körper ein. Nun will sie kein Vogel mehr futtern!

Wie tief wachsen Wurzeln?

In trockenen Gegenden müssen die Wurzeln besonders tief bohren, um an Wasser zu gelangen. Ein Feigenbaum hatte Wurzeln in einer Tiefe von 122 Metern!

Welche Blüte ist die größte?

Die Blüte der Rafflesie ist die größte Einzelblüte der Welt. Sie kann über einen Meter im Durchmesser erreichen und stinkt ekelerregend nach verwesendem Fleisch.

Welcher ist der größte Samen der Welt?

Der Samen der Seychellenpalme kann 50 Zentimeter breit und 30 Kilogramm schwer werden!

Welcher Baum steht Kopf?

Der Baobab oder Affenbrotbaum sieht ein wenig so aus, als hätte er die Wurzeln in der Luft und nicht im Boden. Mit seinem starken Geruch lockt er Fledermäuse an, die diesen seltsamen Baum bestäuben.

Rätselspaß

Hast du dieses Buch aufmerksam gelesen? Dann kannst du die Fragen in diesem Rätselteil mühelos beantworten. Blättere im Buch nach, um das Bilder-Suchspiel oder das große Wissensquiz zu lösen. Viel Spaß beim Knobeln!

Bilder-Suchspiel

Auf den folgenden Seiten siehst du einige Bildausschnitte. Findest du jeweils die passende Seite im Buch, auf der die Bilder vorkommen? Ob du wirklich richtig liegst, erfährst du auf der Seite 270.

1

2

3

Jedes Jahr brechen ungefähr **50** Vulkane auf der Erde aus.

Schlag im Buch nach, wo diese Bilder zu finden sind!

9

Wären metallene Schiffe nicht hohl und voller Luft, würden sie sinken.

10

Sollen deine Eltern Orcas, Pinguine oder Eisbären sein?

11

12

13

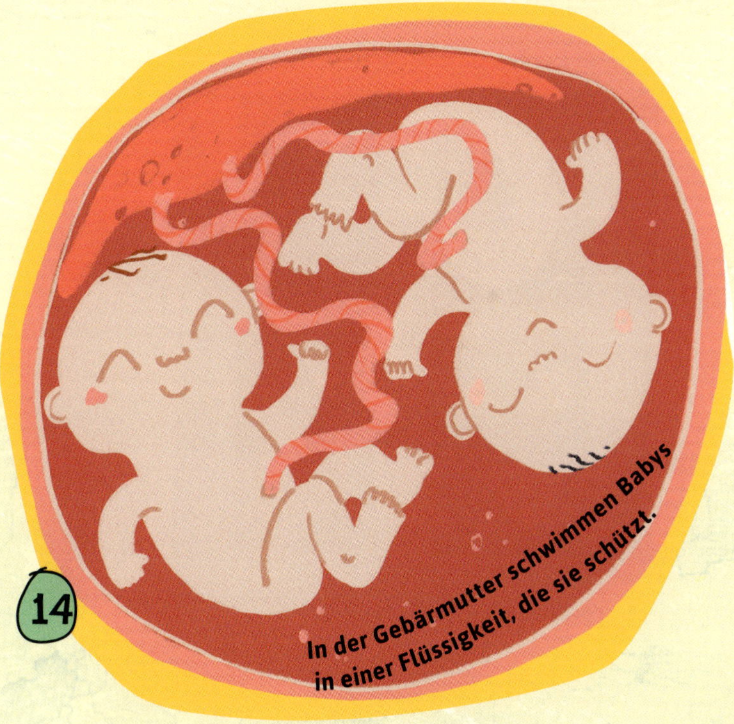

14

15

Die Lösungen gibt es auf Seite 270.

16

Wissenschaftler stellen aus Pflanzen **Medikamente** gegen Krankheiten her.

17

18

19

Das große Wissensquiz

Hier kommen ein paar knifflige Fragen für dich. Kannst du sie beantworten? Wähle jeweils die richtige Antwort aus. Lösungen findest du auf Seite 270.

1. Was lässt dich krank werden?

a) Keime
b) Obst
c) Cumulonimbus

2. Was ist der Äquator?

a) Eine seltene Tierart, die in der Tiefsee lebt.
b) Ein Gerät, um das Wetter zu messen.
c) Eine gedachte Linie, die die Erde in zwei Hälften teilt.

3. Wie heißt die Luftschicht, die die Erde umgibt?

a) Oase
b) Atmosphäre
c) Atacama

4. Was ist der ökologische Fußabdruck?

a) Eine Zahl, die besagt, wie viel Kohlendioxid eine Person verbraucht.
b) Eine Fußkrankheit
c) Ein Abdruck, den man hinterlässt, wenn man barfuß läuft.

5. Was sind Frösche?

a) Reptilien
b) Säugetiere
c) Amphibien

6. Für was brauchen Giraffen ihre lange, kräftige Zunge?

a) Um sich selbst am Hals zu lecken.
b) Um Termiten aus einem Termitenbau zu schlecken.
c) Um die Blätter von Akazien zu fressen.

7. Welche Kraft wirkt nach oben?

a) Schwerkraft
b) Auftrieb
c) Reibung

8. Was ist Skorbut?

a) eine Seemannskrankheit
b) eine Insektenart
c) der Säbel der Piraten

9. Was verhindert, dass wir von der Erde fallen?

a) unsere Schuhe
b) Schwerkraft
c) Mond

10. Warum treffen sich Eisbären und Pinguine nie?

a) Weil Eisbären am Nordpol und Pinguine am Südpol leben.
b) Weil Eisbären besonders gerne Pinguine fressen.
c) Weil Pinguine die ganze Zeit im Meer verbringen.

11. Was passiert mit dem Essen im Magen?

a) Es wird zu einem festen Ball zusammengepresst.
b) Es wird von der Magensäure zu einer klebrigen Flüssigkeit aufgelöst.
c) Nichts, es wird direkt weiter in den Darm transportiert.

12. Zu welcher Tierart gehören Fledermäuse?

a) Säugetiere
b) Vögel
c) Reptilien

13. Was kann ein Tintenfisch nicht?

a) Tinte ausstoßen
b) die Farbe ändern
c) schreiben

14. Welches Tier ist das größte aller Zeiten?

a) der Elefant
b) der Blauwal
c) die Giraffe

15. Wo wachsen die höchsten Bäume?

a) in Argentinien (Südamerika)
b) in Namibia (Afrika)
c) in Kalifornien (USA)

Lösungen

Bilder-Suchspiel

1 Seite 50/51
2 Seite 13
3 Seite 22
4 Seite 169
5 Seite 8
6 Seite 97
7 Seite 58
8 Seite 231
9 Seite 158
10 Seite 192/193
11 Seite 15
12 Seite 66
13 Seite 80
14 Seite 223
15 Seite 37
16 Seite 257
17 Seite 218
18 Seie 142
19 Seite 43

Wissensquiz

1 a)
2 c)
3 b)
4 a)
5 c)
6 c)
7 b)
8 a)
9 b)
10 a)
11 b)
12 a)
13 c)
14 b)
15 c)

Stichwortverzeichnis

A

B

G

H

I

J

K

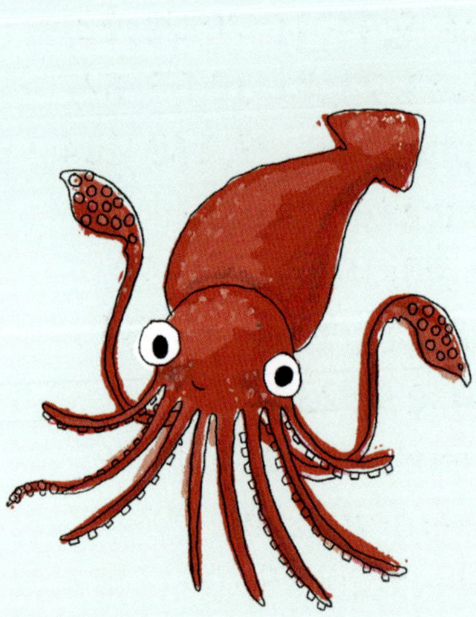

T

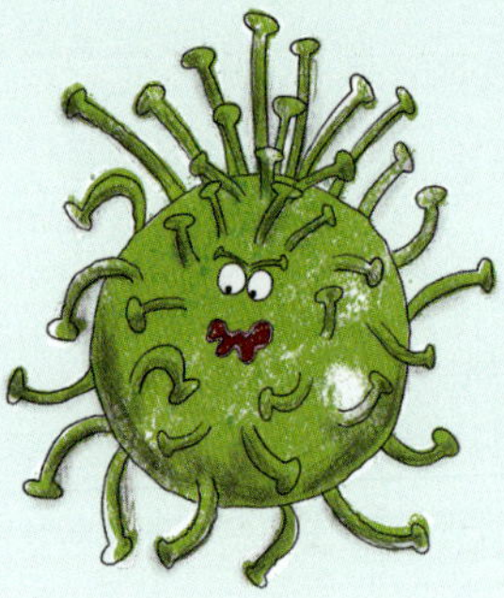

U

V

W

Y

Z

Impressum

Postfach 2460
D-88194 Ravensburg

Übersetzung: Dr. Anne Scheller
ISBN 978-3-473-48018-0

ravensburger.com/service

Titel der Originalausgaben:
Curious Questions and Answers : Earth
Curious Questions and Answers: Science

Text: Camilla de la Bédoyère, Philip Steele, Anne Rooney
Illustrationen : Daniela Rieley, Rim Budgen, Mike Moran,
Richard Watson, Pauline Reeves, Ana Gomez

FSC www.fsc.org
MIX
Papier | Fördert gute Waldnutzung
FSC® C111262